AF277683

Bélgica

Autor: **Galo Martín Aparicio**

Responsable de proyecto: **David Lozano**
Edición: **Edipratt**
Cartografía: **ANAYA Touring**
Producción: **Juan José Rodriguez, Olga Hernando y
Antonio Mellado**
Diseño de la colecccción: **marivies.**

Procedencia de las fotografías:
123 RF: 18, 42, 61, 102, 109, 129a. **Daniel Martorell:** 18, 48, 107, 122.
Depositphoto: 9, 30, 36-37, 98, 99, 115a (2). **Fotolia:** 28, 32, 33, 35,
119. **Grupo Anaya:** 14,15. **Istockphoto:** Mario Elias Munoz Valencia,
cubierta (rojo); tekinturkdogan, cubierta. **Martin, Joseph/Anaya:** 16.
Shutterstock: Monticello, 2; Bozo_Studio, 6; Catarina Belova, 8; Den-
nis van de Water, 10-11; Bilal Kocabas, 11; Kvitka Fabian, 12; Botond
Horvath, 13; Jon Nicholls Photography, 17b; Nancy Pauwels, 19; Janusz
Pienkowski, 20; Lucian Milasan, 21; BearFotos, 22; Sira Anamwong,
24-25; Matyas Rehak, 25; symbiot, 26; INTREEGUE Photography, 27;
Sergii Figurnyi, 29; Wouter van den Broek, 33; Botond Horvath, 34-35;
Nina Alizada, 38; Werner Lerooy, 39, 40; INTERPIXELS, 43; Beketoff, 44;
Walencienne, 45 izq.; Anibal Trejo, 45 dcha.; TTstudio, 49; Kadagan, 51;
Radiokafka, 52; skyfish, 56; Christian Mueller, 57; lmascaretti, 58; Ros-
sHelen, 62; Albert Pego, 69; canadastock, 75; monticello, 76; monysasu,
77; Inu, 78-79; Nataliya Nazarova, 82; Yasonya, 84-85; lindasky76, 86;
Pyty, 87; Erik AJV, 106; Theo de Koning, 111; Kraft_Stoff, 112; Tupungato,
115b; RossHelen, 116; marekusz, 117; Radiokafka, 121; Artography, 126.
(a= arriba, b=abajo).

Los editores desean expresar su agradecimiento a **Ángeles
Alonso-Misol,** de la Oficina de Turismo de Bélgica: Flandes y
Bruselas, y **Nuria López,** de la Oficina de Turismo de Bélgica:
Bruselas y Valonia.

3ª edición, 2024

© Grupo Anaya, S. A., 2024
   Valentín Beato, 21. 28037, Madrid
   www.guiasdeviajeanaya.es

Depósito legal: M-35.208-2023
ISBN: 978-84-9158-745-3
Impreso en España-Printed in Spain

PAPEL DE FIBRA
CERTIFICADO

La información contenida en esta guía ha sido cuidadosamente
comprobada antes de su publicación. No obstante, dada la
naturaleza variable de los datos, recomendamos su verificación
antes de salir.

Contenido

Cómo usar esta guía 4-5

Una mirada a Bélgica 6
  Presentación   8
  Perfil de Bélgica   9
  No hay que perderse…   13
  Breve historia   14
  Naturaleza y paisaje   18
  Personajes ilustres   20

Diez lugares inolvidables 22
  1. Grand Place de Bruselas   24
  2. Barrio Europeo de Bruselas   26
  3. Canales de Brujas   28
  4. Barrio de los Diamantes, Amberes   30
  5. Groot Begijnhof de Lovaina   31
  6. Las Ardenas   32
  7. Catedral de Malinas   34
  8. Castillos de Valonia   36
  9. Casas medievales de Tournai   38
  10. Art nouveau en Bruselas   39

Visita a Bélgica 40
  Bruselas y alrededores   42
  La región de Flandes: Amberes,
    Malinas, Lovaina, Gante y Brujas   62
  La región de Valonia: Tournai,
    Mons, Waterloo, Namur, Dinant,
    Lieja, Rochefort y Bouillon   94

Dónde 112
  Comer y Alojarse   114
  Ir de compras   125
  Llevar a los niños   127
  Divertirse   128
  Fiestas y festivales   133

Información práctica 134

Mapa 140-141

Índice 142

Cómo usar esta guía

Esta **Guiarama** de **Bélgica** se divide en cinco secciones que abarcan los aspectos más importantes de la visita.

Una mirada a Bélgica, páginas 8-21

Presentación
Perfil de Bélgica
No hay que perderse…
Breve historia de Bélgica
Naturaleza y paisaje
Personajes ilustres

Diez lugares inolvidables, páginas 22-39

La elección del autor de los diez lugares más atractivos del país, todos con información práctica.

Visita a Bélgica, páginas 40-111

Se divide Bélgica en tres zonas, cada una con una introducción y listado de los lugares más interesantes.
Información práctica
Breves notas "¿Sabías que…?"
Dos paseos a pie

Dónde…, páginas 112-133

Información detallada sobre restaurantes, alojamiento, compras, niños y ocio.

Información práctica, páginas 134-139

Toda la información necesaria para el viajero presentada de forma visual.

Mapas y planos

Todas las referencias lo son a los planos de las ciudades que se incluyen en la guía. Por ejemplo, el Manneken Pis va seguido de la referencia 🅾 B-C2 que indica las coordenadas (B-C2) donde se halla la fuente.
La lista de planos y mapas utilizados en esta guía se encuentran en el índice.

Precios

El precio aproximado de los establecimientos se indica mediante los signos:

C caro, **M** moderado y **E** económico.

Clasificación por estrellas

La mayoría de los lugares descritos en el libro se han clasificado por su grado de interés como sigue:

***	Visita obligada
**	Muy interesante
*	Interesante

Símbolos utilizados

A lo largo de la guía se han utilizado símbolos sencillos y claros para indicar las siguientes categorías:

🕐	referencia a los planos
✉	dirección o localización
📞	número de teléfono
🕐	horario
🍽	restaurante o café
Ⓜ	estación de metro más cercana
🚌	rutas de autobús o tranvía
🚆	estación de tren más cercana
⛴	ferry más cercano
✈	aeropuerto
ℹ	información turística
♿	servicios para personas con movilidad reducida
💶	precio de la entrada
➕	otros lugares de interés cercanos
❗	más información práctica
🌐	web

Una **mirada** a **Bélgica**

Presentación	8
Perfil de Bélgica	9
No hay que perderse...	13
Breve historia	14
Naturaleza y paisaje	18
Personajes ilustres	20

Presentación

Bélgica, oficialmente el Reino de Bélgica, es un estado de Europa occidental. Es miembro fundador de la Unión Europea y acoge su sede, así como las de otras organizaciones internacionales, como la OTAN. A caballo entre el límite cultural que dibuja el germánico y el latín, Bélgica es el hogar de dos grandes grupos lingüísticos; los flamenco parlantes, en su mayoría flamencos, y los francófonos, sobre todo valones, más un pequeño grupo de lengua alemana.

Las dos regiones más grandes son Flandes, en el norte, y la región del sur, francófona, de Valonia. La región de Bruselas-Capital, oficialmente bilingüe, es un enclave, sobre todo francófono, dentro de Flandes. Una pequeña comunidad de habla alemana se encuentra en el este de Valonia.

▼ Una de las vistas más bonitas de Gante, en la región de Flandes.

Su abanico de lenguas está acorde con el patrimonio histórico, arquitectónico y cultural que luce por toda su geografía. Bélgica rezuma una historia que ha sabido integrar en su oferta turística.

Los belgas disfrutan viendo cómo llegan forasteros de todas partes para descubrir los orígenes de la pintura flamenca en los monasterios, castillos y fortalezas, el gusto individual por la estética y el diseño, los escenarios de la batalla de las Ardenas, así como adentrarse en el mundo surrealista de un bruselense especial: René Magritte. Todo ello mientras cuidan el estómago con las afamadas especialidades belgas: mejillones, patatas fritas, chocolates y cervezas.

Bienvenidos a Bélgica, un país para jóvenes de 7 a 77 años (eslogan de la revista *Tintin),* donde nada es lo que parece.

Perfil de Bélgica

Geografía

El territorio belga tiene una extensión de 30.528 m^2. Limita por el norte con PAíses Bajos, por el sur con Francia y por el este con Luxemburgo y Alemania. Al oeste se encuentran sus 66 km de costa bañada por el Mar del Norte. En esta zona del país se han creado dunas y algunos diques, imitando el modelo neerlandés, para proteger las tierras del mar y, a la vez, para conseguir más superficie de terrenos cultivables. Los ríos y barrancos del macizo de las Ardenas contrastan con las amplias llanuras del país.

Los principales ríos son el Escalda y el Mosa. El Escalda nace en Francia, pasa por Tournai, Gante y Amberes, para desembocar en el Mar del Norte, donde forma una gran estuario. El Mosa también nace en Francia y pasa por Charleroy, Dinant, Namur y Lieja. La regularidad de estos ríos y la interconexión de sus respectivos afluentes con otros canales artificiales, hace posible que la red fluvial navegable de Bélgica sea de unos 1.610 km.

Economía

Su infraestructura ferroviaria ha contribuido al desarrollo de la industria minera y metalúrgica. Hoy en día las principales industrias belgas son: la ingeniería de metales, la química, la textil y las empresas de servicios financieros. Bruselas es la ciudad más importante para la economía belga, pero Amberes también tiene un gran peso gracias a su puerto comercial, así como al control comercial de los diamantes.

Bruselas en cifras

Habitantes: En torno a 1,2 millones de habitantes, de los cuales el 30% son extranjeros.

Zonas verdes: un 11,40% del territorio.

Lenguas oficiales: francés y neerlandés. La mayoría de la población habla francés, un menor porcentaje, el neerlandés y muchos son los que dominan el inglés.

▼ Belleza natural en el macizo de las Ardenas.

Población: Aproximadamente 530.000 habitantes.
Idioma: neerlandés o flamenco.
Procedencia diversa: casi la mitad de los habitantes son de origen extranjero. Neerlandeses, marroquíes, polacos y turcos son los grandes representantes de las comunidades foráneas en la ciudad.
Es la ciudad europea con la mayor comunidad judía ortodoxa fuera de Israel.

La agricultura está altamente modernizada. Las explotaciones ganaderas son más importantes que las superficies de cultivo. Bélgica es un gran productor de quesos, mantequilla y huevos, así como de carne bovina, porcina, vacuna y avícola.

Su otra gran industria es la cervecera, un símbolo nacional. Cuenta con más de 300 tipos diferentes de cervezas, que no solo se destinan al consumo interior, sino que se exportan a todo el mundo.

❚ Clima

La principal característica del clima belga es su inestabilidad. Las precipitaciones son numerosas a lo largo de todo el año. Las estadísticas hablan de una media de 160 días de lluvias al año.

En invierno la temperatura media ronda los 5 ºC, pero hiela todas las noches. La nieve hace acto de presencia durante los meses de enero y febrero. Los meses más calurosos son los de julio y agosto, y también los más húmedos, ya que las preci-

pitaciones son frecuentes en esta época del año. Los meses con más sol son los que van de mayo a agosto, con temperaturas medias todo el verano entre 15 y 21 ºC.

El vestuario a llevar siempre va a depender de la época del año en la que se viaje. Si existe una prenda que nunca debe faltar en el equipaje es el chubasquero y/o gabardina, ya que la lluvia es frecuente a lo largo de todo el año, y alguna prenda de abrigo.

Población

Bélgica cubre una superficie de 30.528 km², y tiene una población de algo más de 11 millones de habitantes. Bruselas alberga una décima parte de la población del país con sus casi 1,2 millones de habitantes. Del resto de ciudades, seis superan los 100.000 habitantes: Amberes, Gante, Charleroi, Lieja, Brujas y Namur. El resto se compone de pueblos y aldeas.

◄ Contemplando el Manneken Pis, en un día lluvioso.

◄ Estación Central de Amberes, una de las más bellas del mundo.

La **esencia** de **Bélgica**

Es su sofisticada sencillez, el atrevimiento inteligente para crear tendencias, el surrealismo con el que disfrazan su escasa gracia, la espuma de la cerveza que se mantiene en el filo de la copa, la manera en que fríen las patatas, el tamaño de sus mejillones, las piezas de chocolate listas para exponer en un museo, los diamantes que contemplas y no compras…

No hay que perderse...

▌ Ir a alguna *friterie* (puestos de patatas fritas) que hay salpicadas por Bruselas y dar buena cuenta de un cucurucho de *frites* preparadas a la manera belga.

▌ **Probar algunas de las numerosas variedades de cervezas** que ofrecen las cervecerías emblemáticas que hay en el centro de la ciudad de Bruselas, escondidas en estrechos pasillos donde parece que solo están las trastiendas de los negocios.

▌ **Degustar un plato de sus pequeños y sabrosos mejillones** *(moules)*. La dinámica es como la de comer pipas, pero más rica.

▌ **Probar el chocolate** de algunos de sus maestros chocolateros más emblemáticos.

▌ **Disfrutar del ambiente de la Place E. Flagey, sentado en el Café Belga**, después de pasear por los alrededores de los estanques de Ixelles y descubrir algunas de las casas diseñadas según los parámetros del *art nouveau*.

▌ **Descubrir la surrealista Bruselas de la mano de uno de sus artistas más afamados: René Magritte.** La ciudad cuenta con un museo en su honor, así como recorridos urbanos con paradas en lugares donde encontró inspiración para su obra, como por ejemplo el pasadizo Bortier (accesos por la rue St-Jean 17 y rue de la Madeleine 55).

▌ **Acercarse a los escenarios en los que se libró la batalla de las Ardenas** entre diciembre de 1944 y enero de 1945, en la región de Valonia.

▌ **Visitar los castillos y ciudadelas que hay salpicados por Valonia,** como en Dinant, Bouillon, La Roche en Ardenne y Namur, por citar algunos ejemplos.

▌ **Admirar los diseños de moda** de los creadores que trabajan en Amberes.

▌ **Imaginar o comprar un diamante** en alguna tienda cerca de la Estación Central de Amberes.

▌ Datos curiosos

Cantidad de mejillones que se consume al año por persona: 5 kg.

Cantidad de chocolate que se consume al año por persona: 8 kg.

Se producen más de 100 toneladas de chocolate al año.

La mayoría de los habitantes come chocolate regularmente.

El mayor punto de venta de chocolate del mundo es el aeropuerto de Bruselas.

▼ Clásicas botellas de cerveza belga.

Breve historia de Bélgica

Neolítico	Tribu de los omalianos, cerca de Lieja.
Edad de Bronce	Asentamiento cerca del valle de Ourthe.
Siglo II a.C.	Llegada de los celtas y con ellos el origen de los belgas.
Año 54 a.C.	Roma invade el territorio belga y se anexiona al Imperio Romano como una provincia más de las Galias.
800 d.C.	El emperador Carlo Magno anexionó los Países Bajos (en aquel entonces: Holanda, Bélgica y Luxemburgo) a sus propiedades.
843	Se dividió el patrimonio de Carlo Magno en tres partes: una parte para los Países Bajos del Norte, otra para Francia y otra para Alemania.
867	El rey Balduino fundó su corte en Gante. Se consolida la importancia de Flandes en Europa.
1453	La guerra de los Cien Años entre Inglaterra y Francia por el trono francés culmina con la subida al trono de la casa de los Borgoña. Bajo el reinado de Felipe "el Bueno" (1419-1467) se fundó la Universidad de Lovaina y se construyó la Grand Place de Bruselas. Le sucedió su hijo.
1477	Carlos "el Temerario" (1467-1477), murió en la batalla de Nancy. Luis XI de Francia reclama los territorios de los Borgoña y deja a la hija de Carlos, María, el control sobre los Países Bajos.
1482	Muere María. Maximiliano I, de la casa Habsburgo, conserva el control de los Países Bajos y el territorio belga. Años después, con la boda de Felipe "el Hermoso" y Juana de Castilla, los territorios de Bélgica y Holanda, unificados como Países Bajos, pasaran a formar parte del reino de España.
1500	El hijo de este matrimonio, Carlos I de España y V de Alemania, nació en Gante y estableció su corte en Bruselas. En la primera mitad del siglo XVI se unen dos futuros estados, Bélgica y Holanda, bajo la hegemonía de Carlos V con la denominación de Países Bajos.
1567	El duque de Alba, nuevo gobernador de los Países Bajos, emprende violentas

▼ Carlos I nació en Gante en 1500.

▲ Mapa de Bélgica, representado en forma de León, en un grabado del siglo XVI (British Library, Londres).

represiones. Ejecución de los condes de Egmont y Horn, que eran contrarios a la Inquisición y partidarios de un cambio en la política religiosa de los Países Bajos.

1576 Se presentan en Gante ante el rey representantes de los gremios y personajes relevantes de los Países Bajos con reivindicaciones que culminan años después.

1759 El estado se divide en dos partes. Nacen las actuales provincias de Valonia y Flandes. El norte, reformistas, pasaron a ser independientes del reino de España, que se quedó con el sur. La capital se establece en Bruselas.

Siglo XVII El territorio belga es escenario de batallas entre las casas de los Habsburgo y los Borbones.

1713 Se firma el Tratado de Utrecht: los Países Bajos pasan a manos de la casa de los Austrias.

1794 Napoleón invade Bélgica con el objetivo de reorganizar el territorio francés anexionando el belga.

▌ Monarquía belga

Leopoldo I. 1831-1865
Leopoldo II. 1865-1909
Alberto I. 1909-1934
Leopoldo III (abdicó).
1934-1951
Balduino I . 1951-1993
Alberto II (abdicó).
1993-2013
Felipe I. 2013

1815 Batalla de Waterloo. Napoleón es derrotado. Se forma el Congreso de Viena y otorga la tutela al reino de los Países Bajos, formado por Holanda, Bélgica y Luxemburgo. Guillermo I de Nassau-Orange es coronado rey de los Países Bajos.

1830 Descontento popular que deriva en la revolución de Bruselas. Los belgas se imponen a las tropas holandesas.

1831 Leopoldo de Sajonia-Coburgo-Gotha es coronado como Leopoldo I, rey de los belgas.

1840 Antoine Joseph Sax inventa el saxofón.

1865 Muere Leopoldo I. Hereda el trono su hijo, Leopoldo II, quien envió a sus tropas a África: Congo, Ruanda y Burundi, haciéndose con el control del mercado de diamantes. Le sucede Alberto I en 1909 hasta 1934.

1914 La batalla de Lieja marca el inicio de la invasión alemana de Bélgica y la primera batalla de la Primera Guerra Mundial. Con el Tratado de Versalles (1919) los belgas recuperan el control sobre el territorio perdido, y obtienen otros en la frontera con Alemania.

1929 Se publica por primera vez las aventuras de Tintín, en el suplemento infantil *Le Petit Vingtième*.

1934 Muere Alberto I. Le sucede en el trono Leopoldo III.

1940 A pesar de ser neutral al inicio de la Segunda Guerra Mundial, el 10 de mayo, Bélgica y sus posesiones coloniales se vieron forzadas a entrar a la guerra a causa de la invasión de las fuerzas alemanas.

1944 En diciembre-enero tiene lugar la batalla de las Ardenas, gran ofensiva alemana, en la que los aliados resultan victoriosos. Hubo cuantiosas víctimas, sobre todo en el ejército estadounidense y Bélgica es liberada de los alemanes.

1951 Abdica Leopoldo III a favor de su hijo, Balduino I.

1958 Se crea el Mercado Común Europeo por parte del ministro de Asuntos Exteriores belga, Paul Henri Spaak.

1971	Bélgica se establece como un estado federal democrático y monárquico.
1993	Muere Balduino I y hereda el trono su hermano Alberto II.
1993	Mediante el Tratado de Maastrich, nació la Unión Europea y se decidió que la sede se quedase permanentemente en Bruselas.
1999	El rey Alberto II reconoce que tiene una hija de una relación extramatrimonial.
2000	Bruselas es designada Capital Europea de la Cultura.
2010/11	Durante 541 días, los belgas estuvieron sin un gobierno con plenos poderes por el desencuentro histórico entre flamencos del norte y valones del sur.
2013	Felipe de Bélgica se convierte en nuevo rey tras la abdicación de Alberto II.
2014	Centenario de la Primera Guerra Mundial.
2016	Atentado terrorista en el aeropuerto y metro de Bruselas. Murieron 32 personas.
2018	Reabre sus puertas el Museo de África Central en Bruselas con una lectura crítica de la historia colonial.
2021	Las graves inundaciones de julio que afectan al sureste del país dejan unos 40 muertos y más de 100 desaparecidos.
2023	Un islamista tunecino asesina a tiros a dos ciudadanos suecos en Bruselas.

▲ El rey Balduino y la reina Fabiola de Bélgica, en un antiguo billete de 50 francos.

▼ El Tyne Cot Cemetery, en los alrededores de Ypres, sirve para comprender la magnitud de la tragedia de la Gran Guerra.

Naturaleza y paisaje

▌El primer Parque Nacional belga

En 2006 se inauguró cerca de Genk el primer y único Parque Nacional de Flandes, el **Hoge Kempen,** que ocupa una superficie de más de 5.700 ha cubiertas de pinares, brezales, lagos y lagunas formados en antiguas canteras de arena y grava. Su fauna es muy variada, destacando mariposas, serpientes, ciervos y corzos que se pueden observar fácilmente, incluso en los senderos del parque. Es ideal para paseos a pie, en bicicleta o a caballo. Visitas guiadas e información, https://rlkm.be.

▼ Paisaje otoñal de las Ardenas.

Los belgas han tenido que aprender a combinar naturaleza y progreso, ya que la pequeña extensión de su territorio no deja más remedio que compartir el espacio. La gran influencia de la industria y la ganadería en la economía y sociedad belga ha perjudicado notablemente a la flora y fauna del país. Muchos de los antiguos bosques que poblaban su territorio han desaparecido, dando paso a explotaciones ganaderas o campos de cultivo. Hoy en día, la zona natural de mayor importancia del país se concentra en el área de las Ardenas (Valonia), pero la industria maderera, que se alimenta de los bosques de coníferas que hay en esta parte del territorio, amenaza la supervivencia de algunas especies naturales. El resultado es una gran escasez de fauna silvestre que, sin embargo, en el pasado fue muy abundante. Aún quedan ejemplares de zorros, conejos y ciervos. Los patos y los faisanes abundan y constituyen el mayor atractivo de los cotos de caza. En cuanto a la flora, de las aproximadamente 400 especies vegetales existentes en Bélgica, una de cada cinco está en peligro de extinción. Muchas de ellas se pueden ver en el Jardín Botánico de Bruselas.

El desarrollo del turismo rural y de naturaleza, así como la presión de los grupos ecologistas, han influido en la creación de reservas naturales protegidas o parques naturales. En muchas hay visitas guiadas y rutas señalizadas.

Reserva des Hautes Fagnes-Eifel

La gestión la comparten Bélgica y Alemania, países por los que se extienden sus 4.000 ha y que la convierten en la mayor reserva natural belga. Más información en www.naturpark-eifel.de.

Het Zwim

Está considerada una de las reservas ornitológicas más importantes de Europa. Se encuentra a unos 5 km al este de Knokke, en Flandes. La reserva comprende unas 150 ha. Se trata de una zona húmeda constituida por una laguna salobre, canales y charcas en el delta de los ríos Mosa, Escalda y Rhin. Más información en www.zwin.be.

Parque Natural de Furfooz

Muy cerca de Dinant, en Valonia. Parte de su atractivo radica en su riqueza geológica, botánica y entomológica. El parque contiene cuevas prehistóricas, restos de fortalezas románicas y termas romanas. Más información en www.parcdefurfooz.be.

▲ Parque Nacional de Hoge Kempen.

Personajes ilustres

▲ René Magritte (1898-1967).

René Magritte

Nació en 1898 en Lessines y murió en 1967 en Bruselas. Fue miembro destacado del surrealismo belga, una corriente que huía de todas las convenciones. Una ola revolucionaria que lo cuestionó todo a través de imágenes con nuevo idioma mediante la disociación de la palabra y los objetos.

En Bruselas puede visitarse su **casa** y el **Museo Magritte** (▶53) con 200 obras suyas reunidas en 2.500 m², la colección más importante y diversificada del mundo de su género.

Georges Prosper Remi (Hergé)

Nació en 1907 en Etterbeek y murió en 1983 en Woluwe-Saint Lambert. Es más conocido por su seudónimo, Hergé. Dio vida al personaje de Tintín en 1929 en el suplemento infantil *Le Petit Vingtième*.

Más de 80 años después, sus aventuras siguen siendo conocidas mundialmente. Sus historias se han traducido a más de 100 idiomas y se han vendido más de 230 millones de libros. Además de Tintín, de la pluma de Hergé nacieron otros tantos títulos como *Las aventuras de Jo, Zette y Jocko* y *Quique y Flupi*.

El **Museo Hergé**, complejo dedicado al estilo de dibujo conocido como "línea clara", está ubicado en Lovain-la-Neuve (▶75).

Victor Horta

Nació en Gante en 1861 y murió en Bruselas en 1947. Arquitecto y máximo representa del Art Nouveau en Bélgica. Estudió en la Academia de Bellas Artes de Bruselas. Desde el principió le interesó el hierro, el cristal y la madera como materias primas para sus diseños. Su primera obra innovadora fue la Casa Tassel, a las que siguieron el Hôtel Solvay y el Hôtel van Eetvelde. Posteriormente construyó su propia casa, que hoy alberga el **Museo Horta** (▶58).

▼ Las aventuras de Tintín, creadas por Hergé, son conocidas en todo el mundo.

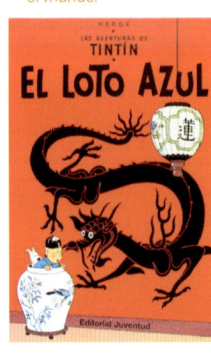

Antoine Joseph Sax

Nació en Dinant en 1814 y murió en París en 1894. Fabricante de instrumentos musicales, ha pasado a la historia por haber inventado el saxofón. El nombre deriva de "Sax", su apellido y de "fono", sonido, de lo que queda "sonido de sax".

Gracias a que tocaba el clarinete y a que percibió sus imperfecciones se puso a corregirlas, finalmente acabó por inventar el saxofón en el año 1840. Su creador lo tocó por primera vez ante el público en

Bruselas en 1841 y después viajó a París para presentarlo en sociedad.

▌Marguerite Yourcenar

Su verdadero nombre era Marguerite Cleenewerck de Crayencour. Nació en Bruselas en 1903 y murió en Estados Unidos en 1987. Fue una novelista, poeta, dramaturga y traductora francesa, nacionalizada estadounidense en 1947, momento que pasó a llamarse Marguerite Yourcenar, nombre que había sido su seudónimo. En 1951 publica en París su muy documentada novela histórica *Mémoires d'Hadrien (Memorias de Adriano)*, en la que estuvo trabajando a lo largo de una década. La novela fue un éxito inmediato y tuvo una gran acogida por parte de la crítica.

▌Félicien Rops

Pintor y grabador nacido en Namur en 1833. Alcanzó cierta notoriedad como caricaturista. Estudió en la Universidad de Bruselas. Hacia el año 1864 conoció a Charles Baudelaire, con el comenzó una prolífica relación profesional que le marcaría para siempre y que despertaría la admiración de otros escritores como Théophile Gautier, lo que le llevó a trabajar con algunas de las principales figuras del simbolismo y el decadentismo.

▌Audrey Hepburn

Es el seudónimo de una célebre actriz de cine nacida en Bruselas en 1929 y fallecida en Suiza en 1993. Su glamour y su belleza las demostró en la película *Vacaciones en Roma* junto a su valía como actriz por lo que recibió el Oscar a la Mejor Actriz, el único que recibiría en toda su carrera.

▌Georges Simenon

Un incansable novelista (más de 190 obras), que escribía en francés. Nació en Lieja en 1903 y murió en Lausana (Suiza), en 1989. Durante todo ese tiempo regaló a sus lectores historias de una intriga sencilla, con unos personajes bien definidos y con un héroe dotado de humanidad.

▌Eddy Merckx

Edouard Louis Joseph Merckx, popularmente conocido como Eddy Merckx, es un ciclista belga retirado, considerado como el mejor ciclista de todos los tiempos. Nació el de 17 de junio de 1945 en Meensel-Kiezegem.

▲ Audrey Hepburn, nacida en Bruselas en 1929.

10
Lugares
inolvidables

Grand Place de Bruselas   24
Barrio Europeo de Bruselas   26
Canales de Brujas   28
Barrio de los Diamantes
    de Amberes   30
Groot Begijnhof de Lovaina   31
Las Ardenas   32
Catedral de Malinas   34
Castillos de Valonia   36
Casas medievales de Tournai   38
Art nouveau en Bruselas   39

Grand Place de Bruselas

La Grand Place es el corazón de Bruselas, testigo de grandes acontecimientos de su historia y una de las plazas más bellas y célebres de Europa. De grandes dimensiones, en sus lados se alinean edificios de distintas épocas, pero que siguen el mismo modelo renacentista.

Info

Ayuntamiento
🏠 www.bruxelles.be

Oficina de información turística de Flandes y Bruselas
✉ Grasmarkt 61

En el siglo XI la Grand Place era ya el centro de una ciudad en plena expansión. Por aquel entonces la plaza había sido construida sobre una ciénaga secada a base de arena y tierra y estaba a más de un metro por debajo del nivel actual. El magnífico edificio del **Ayuntamiento** que preside este lugar tan emblemático fue construido en el siglo XV. En ese momento, la capital del ducado de Brabante se trasladó a Bruselas. En aquella época el Ayuntamiento se encargaba no solo de imponer la ley sino de castigar su incumplimiento, por lo que la plaza fue testigo de numerosas ejecuciones de reos. Muchos protestantes perecieron en hogueras alzadas en el centro de la Grand Place, como los jóvenes monjes Hendrik Voes y Jan van Essen. Nobles de origen neerlandés que se oponían a la dependencia de Bélgica del trono español y que fueron decapitados en el siglo XVI. Tiempo después aquí también perecieron miembros de los diferentes gremios que rodeaban la plaza acusados de promover una revuelta popular.

La historia más negra de la Grand Place se produce en 1625, cuando tropas francesas, enzarzadas en la cruenta guerra entre el rey francés Luis XVI y la Gran Alianza liderada por Guillermo III de Orange-Nassau, atacan el corazón de Bruselas con el objetivo de destruir su edificio emblemático, el Ayuntamiento. Paradójicamente, el único edificio que quedó en pie fue este, los demás fueron destruidos, quedando la plaza desolada. En los años siguientes y gracias al dinero de los comerciantes, la plaza fue restaurada. De esta manera los gremios volvieron a levantar sus sedes en torno al Ayuntamiento. Respetaron el estilo de los edificios originales, que databan de antes del siglo XVII.

El Ayuntamiento cuenta con una hermosa torre de 96 m coronada por el arcángel San Miguel, construida por Jacob van Tienen en 1402. El resto de edificios representan a los diferentes gremios de artesanos que trabajaban en este espacio. Destaca la **Maison du Roi** o Casa del Rey, donde se cobraban los impuestos para el rey de España y que hoy es la sede del Museum van de Stad Brussel-Broodhuis. También son interesantes la **Maison des Boulangers** o Casa de los Pasteleros; **Le Cygne**, que perteneció al gremio de los carniceros; **La Brouette**, el edificio de los artesanos que fabricaban grasas y aceites o **Le Sac**, de los carpinteros.

▲ Ayuntamiento de Bruselas, construido en el siglo XV.

◄ La iluminación nocturna de la Grand Place realza la belleza de los edificios que la delimitan.

Barrio Europeo

2

Este rincón de Bruselas concentra las instituciones europeas y alrededor de unas 40.000 personas que trabajan en ellas procedentes de los 28 países miembros de la Unión Europea.

Info

Parlamentarium
✉ Rue Wiertz 60
🕐 De lunes a jueves de 8 h a 17.30 h; viernes hasta las 18.30 h
🌐 www.europarl.europa.eu
💶 gratis

Maison Antoine
✉ Place Jourdan
🌐 www.maisonantoine.be

El foro donde se da cita esa amalgama de nacionalidades es la **Place du Luxembourg**, un espacio donde se pueden escuchar todas las lenguas que uno se imagina.

El conglomerado de bares que flanquean esta plaza constituye una improvisada terraza en la que las diferentes lenguas de los funcionarios y personal de la Unión se pueden oír a modo de banda sonora de la ciudad. El Barrio Europeo no deja de ser otro vecindario más en el que se palpa el multiculturalismo de Bruselas, pero en este lugar de una manera estandarizada. Un multiculturalismo que se está tratando de contextualizar para así sensibilizar a la población, y es que en este barrio se concentran muchos monumentos ligados al siniestro pasado colonial belga en África.

Entre tanto edificio oficial y gubernamental frecuentado por hombres y mujeres vestidos de traje se pueden disfrutar desde encantadoras y recoletas plazas como la de **Londres,** la **Place Jourdan** y su obligada parada en el puesto de patatas fritas o **Fritkot/Friterie Maison Antoine,** degustar lo mejor de la gastronomía internacional, ya sea en sus restaurantes o establecimientos de venta de productos de todas partes (Escandinavia, Reino Unido, Polonia, Italia, de la isla de Cerdeña, España, etc.), pasear por el **Parque Léopold** y hasta visitar el **Parlamentarium,** un ultramoderno centro de visitas

▼ Edificio del Parlamento.

▲ Place du Luxembourg.

para conocer más a fondo la historia, la labor y los proyectos que lleva a cabo el Parlamento Europeo.

La cultura tiene su espacio en la **Biblioteca Solvay,** los **Museos Reales de Bellas Artes** y en el de **Ciencias Naturales.**

Alrededor del eje **Rond-Point Robert Schuman** gira la actividad comunitaria que se desempeña en las sedes de organismos como el **Consejo de la UE,** el **Résidence Palace** (Centro de Prensa) y la **Comisión Europea** (Berlaymont), flanqueada por las banderas de los países miembros.

Muy cerca se encuentra el barrio modernista, con sus señoriales fachadas siguiendo los preceptos del art nouveau. En otro tiempo fue un lugar rural, hasta que se instaló la burguesía en el siglo XIX. Cuenta con tres espacios verdes conectados: las **plazas de Ambiorix, Marie-Louise** y **Marie-Henriette.**

El ajetreo que corresponde a la capital de Europa se torna en silencio cuando se sale de las vías principales; rue Froissart, Belliard, de la Loi y el Boulevard Charlemagne y se callejea hasta dar a parar algún tranquilo café de la zona. El Parque Leopoldo es un oasis en medio de la vorágine comunitaria y en donde siempre se podrá ver a gente y, hasta eurodiputados y funcionarios, tomando un tentempié, sentados en algún banco.

No podía faltar el personaje de ficción más célebre de Bélgica, Tintín. A la entrada de la **Gare du Luxembourg,** una de las estaciones de tren más antiguas de Europa –en sus vías traqueteó el *Orient Express*–, se puede ver un fresco de 1932 del joven reportero creado por Hergé.

Parque Léopold

Musées royaux des Beaux-Arts de Belgique
✉ Rue Vautier 62
⊙ De martes a viernes de 10 h a 17 h, fines de semana de 11 h a 18 h
🌐 www.fine-arts-museum.be
💶 8 €

Muséum Institut royal des Sciences naturelles
✉ Rue Vautier 29
⊙ De martes a viernes de 9.30 h a 17 h, fines de semana de 10 h a 18 h
🌐 www.naturalsciences.be
💶 10 €

Bibliothèque Solvay
🌐 www.edificio.be/en/solvay-library

Canales de Brujas

3

Brujas (Brugge/ Bruges) es una ciudad fascinante, por ser una de las más típicamente medievales de Europa y por sus vistas pictóricas. Sus casas antiguas, sus palacios nobles y sus iglesias se extienden sobre las orillas de numerosos canales. Por la belleza del conjunto y los tesoros que cobija, su casco histórico está declarado Patrimonio de la Humanidad por la Unesco.

▲ Canal Minnewater, cerca del Begijnhof.

El centro de Brujas, ocupado por las imponentes plazas del **Grote Markt** (▶84) y el **Burg** (▶86), son el inevitable punto de partida a toda visita a esta ciudad medieval. Después es inevitable recorrer las riberas de los canales, como el famoso **Dijver**, salpicado de monumentos y museos, iglesias y casas tradicionales, encaminándonos hacia la paz del convento Begijnhof, donde uno puede tomar un respiro.

Una de las mejores maneras de apreciar el encanto de la ciudad es recorrer sus canales en barco. Normalmente van desde la **Potterie**, al norte, hasta el **Begijnhof** (▶90) con numerosos puntos de embarque.

Por un pasaje abovedado bajo el **Palacio de la Cancillería** se entra en la corta y sugestiva **Blinde**

Ezelstraat, calle del Asno Ciego, que pasa sobre los canales.

Al otro lado del puente está el neoclásico **Vismarkt,** mercado del pescado, de 1821.

Merece la pena pasear por la llamada **Steenhouversdijk** (orilla de los Marineros) situada en el lado izquierdo, junto al Palacio del Franc, el **Groenerei** (Orilla Verde), uno de los rincones más bellos y famosos de la ciudad, en el que cada elemento contribuye a la perfección de un cuadro que muchas veces ha inspirado a los artistas.

Sobre el canal se encuentran los pintorescos **puentes Johanele** y **del Caballo** y en la parte trasera, las torres más famosas. En el número 8 se ubica la antigua **casa de caridad del Pelícano,** llamada así por el relieve que decora su fachada, realizado en 1634 y restaurado en 1714.

De marzo a noviembre, los barcos recorren los canales desde las 10 h hasta las 18 h todos los días. El recorrido es de media hora y muestra los lugares más bonitos de la ciudad. El precio ronda los 10 € y en verano hay que estar preparado para esperar largas colas. Los embarcaderos donde contratar estas excursiones están dispersos por todo el centro.

Si se quiere evitar la masificación de personas que se suelen concentrar en Brujas, una buena opción es pasar la noche en la ciudad, en lugar de irse, como hacen gran parte de los visitantes que se acercan hasta aquí.

▼ Los recorridos en barco por los canales muestran la otra cara de los bellos edificios de la ciudad.

Barrio de los Diamantes

4

Info

DIVA Museum

✉ Suikerrui 17/19 (está en el centro, fuera del barrio de los diamantes)

🕐 De 10 h a 16 h, excepto miércoles

🌐 www.divaantwerp.be

💶 12 €

En torno a la Estación Central de Amberes se suceden una serie de calles donde las piedras preciosas y los metales nobles son tan variadas como las gentes que habitan y pululan por este rincón de la ciudad.

Aquí se hace evidente el significado que tiene el puerto de Amberes y su incidencia en la urbe. Hace años la palabra diamante era sinónimo de judío, pero hoy los indios, armenios, libaneses y ciudadanos de diferentes países africanos también comercializan con los diamantes. El comercio de diamantes existe desde el siglo XV en la ciudad. En el XIX se asentaron los judíos y convirtieron a Amberes en el centro mundial del diamante.

El denominado Distrito de los Diamantes lo conforman tres calles: Schupstraat, Hoveniersstraat y Rijfstraat. En ellas se mueve el 80 por ciento del mercado de diamantes mundial. Al menos un 50 por ciento de todos los diamantes tallados que se venden en el mundo han pasado por las manos de algún joyero de Amberes.

▶ Diamantes y joyas expuestos en una joyería de Amberes.

En este distrito hay restaurantes de cocina kósher, libanesa, húngara, india, china, marroquí y turca. Pero si hay una comunidad aquí que destaca es la judía. Este lugar se le conoce como la Jerusalén del Norte, ya que cuenta con la mayor comunidad judía ortodoxa fuera de Israel, que se estableció aquí en el siglo XVI y cuentan con su propia **sinagoga**. La mayoría de ella vive directa e indirectamente de la industria del diamante. Es muy frecuente cruzarse con judíos ortodoxos luciendo sus tirabuzones colgando a ambos lados de la cabeza cubierta por un sombrero negro.

Groot Begijnhof de Lovaina

En el contexto de la época de las Cruzadas, cuando las viudas de aquellos soldados y las mujeres solteras no podían encontrar marido porque estaban en esas mismas Cruzadas, algunas mujeres decidieron reunirse y vivir bajo el voto de castidad, que no el de pobreza. Fundaron los beguinajes. El de Lovaina se encuentra en la ribera del río Dijle, al sur de la ciudad y fue fundado por un grupo de beguinas en 1232.

La mayoría de estas mujeres provenían de familias adineradas, que contribuyeron a construir magníficas residencias con todo tipo de comodidades, para que las beguinas vivieran el resto de sus vidas en paz, ayudando a los pobres necesitados. Sus conventos, al contrario que los tradicionales, no eran austeras fortalezas, sino pequeñas ciudades amuralladas, surcadas de casas pintorescas decoradas con lujo y mimo.

Esta organización comenzó a disolverse a mediados del siglo XX, pero las residencias fueron retomadas por órdenes religiosas o bien, como en el caso de Lovaina, reconvertidas en residencias privadas. En marzo del año 2000 los beguinajes flamencos fueron declarados Patrimonio Mundial por la UNESCO.

El gran Begijnhof de Lovaina es uno de los más bonitos de Bélgica, además de estar en un excelente estado de conservación. En la actualidad es la residencia de los profesores de la Universidad. Dentro del conjunto se levanta la **iglesia de San Juan Bautista**.

El convento, en realidad una ciudad en miniatura atravesada por un canal, se comenzó a construir en el siglo XIV, y reúne diversos estilos. Las casas datan de los siglos XV al XVIII, y han sido restauradas con sumo cuidado. El llamado **Barrio Español** (Spaanse Quartier) es una extensión del siglo XVII, también conocida como Aborg (viejo castillo).

Info

✉ Schapenstraat, 3000 Leuven /Lovaina. Se halla a cierta distancia del centro, por lo que es un lugar poco frecuentado por los turistas, lo que permite pasear por su interior con mayor tranquilidad.

Las Ardenas

6

En 2025 será el 80 aniversario de la batalla de las Ardenas, la última ofensiva alemana durante la II Guerra Mundial. Hitler lanzó lo mejor que le quedaba, 300.000 soldados (muchos fantasmagóricamente vestidos de blanco), 1.800 tanques y caza-carros, 2.400 aviones, en un desesperado intento por cambiar el curso de la guerra.

Info

🌐 https://visitwallonia.es

L as Ardenas es una zona boscosa, salpicada de colinas copadas por árboles, selvas oscuras, gargantas profundas, surcada por arroyos y ríos (destaca el Mosa), entre Bélgica, Alemania y Luxemburgo.

Cuando los alemanes se enfrentaron contra los aliados durante la Segunda Guerra Mundial en este punto había gruesas capas de nieve que lo hacían todo un poco más difícil. Sin duda fue uno de los más grandes enfrentamientos durante la guerra, como para olvidar esas imágenes en las que aparecen los tanques *Tiger* y *Panther* avanzando apresuradamente sobre la nieve, de los soldados estadounidenses cavando trincheras en el suelo helado y de los combates sin cuartel en los bosques, pueblos y encrucijadas. Hoy, esos episodios, forman parte de lo más icónico de la contienda.

A los aliados, que hacía medio año que habían desembarcado en Normandía, aquel ataque les cogió por sorpresa. El final de la contienda fue una victoria para los soviéticos, que de esta ma-

▼ Memorial Mardasson Hill (1946), en forma de estrella, en homenaje a los soldados norteamericanos que libraron Bélgica del nazismo.

▲ Típico paisaje de las Ardenas.

nera reunieron el crédito necesario para entrar en Berlín. Las Ardenas debilitó a los aliados material y psicológicamente. Las bajas afectaron por igual a alemanes y aliados.

Abundan en las Ardenas los valles circundados por ondulantes ríos, siendo el más importante el Mosa. Las principales ciudades, **Lieja** (▶106) y **Namur** (▶103), se localizan ambas en dicho valle. Las Ardenas es una región escasamente poblada y las poblaciones están separadas por grandes extensiones de bosques.

Alquilando un coche se pueden recorrer algunos de estos hitos y rememorar uno de los mayores acontecimientos bélicos de la historia: lugares como **Malmedy** y **Baugnez**, **La Gleize**, **Stavelot**, **Stoumont**, a orillas del río Amblève, o **Saint-Vith**, donde tuvo lugar la batalla del mismo nombre; **Fraiture**, **La Roche** (donde se halla el interesante Museo de la Batalla), y las ciudades de **Rochefort** y **Celles**, muy cerca del curso del río Mosa. Además de **Houffalize**, **Trois Ponts**, **Manhay**, **Dinant** (▶104) y, cómo no, **Bastogne** o Bastoña, con su impresionante **Bosque de la Paz**. **Clervaux**, ciudad en la que se encontraba el cuartel general estadounidense dentro de un antiguo castillo, se ubica ya en el territorio vecino del Gran Ducado de Luxemburgo.

Bastogne War Museum

✉ Colline du Mardasson, 5. 6600 Bastogne

🕐 De marzo a noviembre todos los días de 9.30 h a 18 h; julio y agosto hasta las 19 h

💻 bastognewarmuseum.be

💶 22 €

Musée de la bataille des Ardennes

✉ Rue Châmont, 5. 6980 La Roche-en-Ardenne

🕐 De marzo a diciembre todos los días de 10 h a 18 h

💶 10 €

💻 www.batarden.be

December 44 Museum

✉ Rue de l'Église 7 4987 La Gleize

🕐 Cierra lunes y martes. Abre de 10 h a 18 h

💻 https://visitwallonia.be/fr-be www.december44.com/fr/histoire.htm

Catedral de Malinas

7

Malinas es un ciudad histórica, sede primada de Bélgica junto con Bruselas, regada por los brazos del río Dijle. Son muchos los monumentos importantes que posee, entre los que destaca la catedral, cuya torre ostenta el título de Patrimonio Mundial de la Unesco.

Info

✉ Onder-Den-Toren 12
🌐 www.valoniabelgicaturismo.es

La **catedral de Sint Rombout** es un edificio gótico-brabantino, comenzado en 1217 y terminado tres siglos más tarde. La gran **torre campanario** *(beffroi)* de 97 m de altura, comenzada en 1492, se dejó incompleta después de más de un siglo de trabajo; alberga un carillón de 49 campanas que se duplicaron en 1981 hasta alcanzar un peso de 80 toneladas.

Cuando hace buen día, la torre se divisa desde Bruselas. El magnífico **carrillón,** con su actual centenar de campanas, es uno de los grandes tesoros belgas; no en vano, Malinas es sede de la escuela de campanología más importante de Europa, adonde

► El esbelto campanario de la catedral de Malinas, destaca sobre las casas de la Grote Markt.

llegan estudiantes de todos los rincones para aprender el arte de tocar las campanas.

Restaurado después del grave incendio del 29 de agosto de 1972, el templo es también de grandes proporciones, con pilares cilíndricos en las naves y capillas radiales en el coro y deambulatorio. Las naves centrales están sostenidas con pilares adornados con estatuas de los apóstoles y de los evangelistas (siglo XVII); en el centro destaca el púlpito, tallado por M. van der Voort el Viejo en 1771.

En el altar se puede contemplar una *Crucifixión* de Van Dyck (1627). También destaca el **coro,** que cuenta con un altar mayor de mármol, de Faydherbe (1665), la *Adoración de los pastores,* de E. Quellinus (1669) y varias tumbas y mausoleo de obispos y eclesiásticos.

Detrás de la iglesia se extiende el conjunto del **Groote Begijnhof,** pintoresco barrio de callejuelas tortuosas y casas antiguas.

▲ Detalle de la nervadura interior de la nave central de Sint Rombout.

Castillos de Valonia

Conduciendo por Valonia uno tiene la sensación de estar siendo observado, vigilado, desde lo alto de alguno de los castillos que salpican y custodian esta región belga. Valonia conserva un extraordinario patrimonio de castillos y fortalezas, que otorgan a la zona una enorme belleza medieval.

Algunas de estas construcciones se encuentran en perfecto estado de conservación, otras, en cambio, son románticas ruinas. Muchos castillos se pueden visitar, pero también los hay privados, por lo que no están abiertos al público.

Dinant (▶104), a orillas del río Mosa, está orlada por su ciudadela del siglo IX, edificada por el príncipe obispo de Lieja. Desde donde se ubica esta construcción militar se puede contemplar el Mosa y el valle del mismo nombre. Para acceder a la cima se puede tomar un teleférico o subir una escalera de 408 peldaños. Muy cerca de Dinant está el **castillo de Celles,** un testimonio viviente y armónico de siglos pasados y un ejemplo esplendoroso del arte militar. Todo ello, sobre una cima rocosa y repartido en cinco torres.

Levantado sobre tres cimas rocosas, a orillas del río Semois, se alza el **castillo de Bouillon.** Está considerado uno de los más antiguos e interesantes vestigios del feudalismo en Bélgica. Sus orígenes se remontan al siglo VIII. Peor acondicionado, pero igual de interesante y sugerente, resulta el **castillo de La Roche.** Se alza sobre el espolón rocoso del Deister, a orillas del río Ourthe. Sus moradores van desde los neolíticos, pasando por los romanos hasta la casa de los Reyes Francos.

En este recorrido no podía faltar la **ciudadela de Namur** (▶103). Tiene una extensión de 80 ha de espacios verdes en los alrededores de la ciudad y 7 km de pasillos subterráneos. Desde aquí se disfrutan de unas buenas vistas de Namur y el valle del Mosa. Esta construcción constituyó una de las grandes fortalezas de Europa.

Pero estos son solo algunos ejemplos de castillos. De muy diferentes épocas y gustos destacan también **Beloeil,** con un bello jardín francés; **Annevoie,** con habitaciones ricamente decoradas con estucos y unos maravillosos jardines de cierto sabor oriental; el renacentista de **Freÿr,** a orillas del río Mosa; **Reinhardstein,** el burgo de **Metternich,** el cual fue destruido durante la Revolución Francesa y restaurado en 1969, o **Lavaux-Sainte-Anne** y **Louvignies.**

Info

Información de los castillos de Valonia

- De abril a septiembre de 14 h a 18 h, de octubre a noviembre hasta las 17.30 h y de noviembre a marzo hasta las 16.30 h
- https://visitwallonia.es

Ciudadela de Dinant

- www.citadelllededinant.be Museo de Armas, donde hay objetos y paneles didácticos que narran el pasado glorioso de Dinant
- 12 €

◀ Vistas de Namur desde lo alto de su ciudadela.

Casas medievales de Tournai

9

Tournai (Doornik) es una importante ciudad artística, y centro industrial, a las orillas del Escalda y cerca de la frontera francesa. Varias veces afectada por las guerras, conserva aún preciosos testimonios de su pasado histórico y artístico.

Es la ciudad más antigua de la región valona. Sus orígenes se remontan a la época romana, cuando ya existía un asentamiento conocido como *Tornacum*. La ciudad ha sufrido a lo largo de su historia los desastres de las guerras, sin embargo, aún conserva una importante parte de sus patrimonio que la convierten en una de las más bellas de la región.

La ciudad es una especie de museo al aire libre, donde aún se pueden ver construcciones medievales y hasta restos románicos del año 1175. Notables lugares de interés se concentran en la **Grand'Place,** como la **catedral** y su *beffroi* (▶95), pero también sobresale el **pont des Trous,** sobre el río.

Info

🔗 https://visitwallonia.es

▼ Casas medievales en la Grand Place de Tournai.

Característico y muy peculiar es el aspecto arquitectónico de la ciudad. Después de la conquista francesa, en 1667, se introdujo el estilo Luis XIV, pero interpretado según la tradición flamenca: las casas tienen la planta baja y la estructura de la fachada en piedra, y el ladrillo sirve de relleno aunque limitado por el gran número de ventanas. Un fuerte friso de piedra sustenta los adornados modillones de los aleros, siempre muy salientes; las esquinas de las casas forman habitualmente un pórtico. Resulta muy pintoresca la perspectiva de esta hilera, larguísima e ininterrumpida, de casas en las calles principales.

Art nouveau en Bruselas

A finales del siglo XIX, Bélgica vivó un espectacular boom industrial. Bruselas, la capital del reciente reino y la primera ciudad industrial en el continente europeo (excepción de la insular Inglaterra), aumentó su población de manera exponencial. La ciudad se extendió hacia los suburbios gracias a la buena red de transporte público. De esta manera, lugares como Saint-Gilles, Schaerbeek, Ixelles y Saint-Josse alcanzaron muy pronto un gran desarrollo.

10

◀ Restaurante Falstaff, 1903.

Info

🌐 www.visit.brussels/es

ARAU (Asociación destinada al estudio y protección del Art Nouveau).
  Organizan visitas guiadas por distintos edificios
🌐 www.arau.org

Musée Horta
✉ Rue Américaine 25
🕐 De martes a domingo de 14 h a 17.30 h
🌐 hortamuseum.be
💶 12 €

Musée des instruments de musique
✉ Montagne de la Cour 2
🕐 De martes a viernes de 9.30 h a 17 h, fines de semana de 10 h a 17 h
🌐 www.mim.be
💶 15 €

La Maison Cauchie
✉ Rue des Francs
🌐 www.cauchie.be
  Construida por Julien Brunfaut en 1903. Destacan las vidrieras, la carpintería y los mosaicos.

Hôtel Hannon (Espace photographique Contretype)
✉ Av de la Jonction 1
🌐 https://maisonhannon.be/fr/visiter
💶 14 €

Fachadas
  Casa Frison, Floristería Daniel Ost, Casa Ciamberlani

La nueva época que surgió a raíz de la industrialización caló en unos jóvenes arquitectos que tenían el ánimo de romper con el pasado: Horta, Hankar, Henry van de Velde Cauchie y Blérot, entre otros. Llevaron el progreso al mundo del arte y con la utilización de materiales industriales (hierro y cristal), dieron respuesta a las demandas de una nueva y próspera clase media.

La decoración rica en ornamentación viene inspirada por el recuerdo de las artes decorativas de los británicos y su "Arts and Crafts" (arte y manufacturados). Trabajaron finamente el hierro, la madera, el cristal, la pintura y así dieron a los interiores de las viviendas de clase media una nueva estética. Se nutrieron de la naturaleza como fuente de inspiración. La casa llegó a ser un trabajo artístico en sí misma y el art nouveau se convirtió en algo muy popular.

Floreció en alrededor de una docena de ciudades europeas entre 1890 y 1914, pero particularmente destacó en Bruselas, con más de 1.000 construcciones, de las que se conservan y se protegen 200. La mayoría son viviendas particulares que se pueden visitar y disfrutar de su interior en la Bienal que se organiza durante el mes de octubre. Destacan la **Casa-Museo de Horta** (▶50) el **Museo de Instrumentos Musicales** (▶58), los edificios de la Avenue Louise y márgenes de los estanques de Ixelles.

Visita a Bélgica

Bruselas y alrededores   42

Región de Flandes: Ambe-
    res, Malinas, Lovaina,
    Gante y Brujas   62-93

Región de Valonia: Tournai,
    Mons, Waterloo, Namur,
    Dinant, Lieja, Rochefort y
    Bouillon   94-111

Bruselas, capital de los belgas

Bruselas, la capital de Bélgica y residencia real, es una ciudad más humana que fría, más acogedora que distante, más alegre que aburrida, a pesar de la solemnidad que la rodea por ser la sede de la Unión Europea y otros organismos internacionales. Además de ser centro de la vida económica e intelectual, cuenta con muestras de arte de primer orden, una vida ciudadana activa y alegre, museos notables y un paisanaje de variado color.

▌Bruselas (Bruxelles, Brussel)

La ciudad es un centro de toma de decisiones donde cohabitan infinidad de nacionalidades y se hablan más lenguas que las que entiende la UE.

Se trata de una urbe sofisticada en la que sus habitantes saben disfrutar de la sencillez que tienen al alcance de su mano. Parques escondidos y calmos, una gastronomía sencilla, pero exquisita, y una variedad de cervezas tan excelsa como las aventuras de Tintín, el personaje belga más conocido y que decora fachadas. Es recomendable alejarse un poco del centro monopolizado por la Grand Place, atestado de turistas, de edificios y estaciones de metro, y caminar por el barrio de Les Marolles, los alrededores de la Gare du Midi e imbuirse en el ambiente de Matongé.

Así es Bruselas, polifacética, distante, secreta y entrañable. Una Torre de Babel del surrealismo, del art nouveau y déco, del jazz, del cómic y de mucho más. El viajero puede estar tranquilo, no importa la lengua que hable: aquí todos se entienden.

EL CASCO ANTIGUO

▌GRAND PLACE (▶24) ★★★

En torno a esta plaza sin parangón y músculo que hace latir a la ciudad, se suceden la gran mayoría de monumentos más representativos. Reconstruida después de un ataque francés en el año 1695, es

◀ Coloridos jardines junto a la iglesia de Notre-Dame du Sablon.

▌Caleidoscopio urbano

La ciudad funciona como un caleidoscopio, donde cada barrio que le da vida ofrece una imagen particular. Los hay señoriales e históricos, clásicos y modernos, tranquilos y ajetreados. Todos albergan a personas de diferentes culturas. La esencia de sus barrios se recoge en sus cafés, restaurantes, tiendas, monumentos, incluso en sus calles empedradas o no. Sin excepción, el turista siempre encontrará algo que le seduzca en sus avenidas, bulevares, callejuelas y placitas.

● B2

▼ Casas de los gremios en la Grand Place.

Patrimonio de la Humanidad por la Unesco. Cada una de las casas que la flanquean se identifican con nombres y emblemas de gremios y tiene una atractiva historia que contar. En los bajos de esas construcciones de gusto flamenco se encuentran restaurantes, bares y tiendas, siempre atestadas de turistas.

Es muy común ver a grupos de personas o en solitario sentarse en su empedrada superficie. Siempre se dejan ver puestos de venta de flores y dibujantes callejeros. Sin duda es el punto de la ciudad más visitado y por el que más se transita, se quiera o no. Todos los caminos en Bruselas pasan por la Grand Place. El fin de semana del 15 de agosto se cubre con una alfombra gigante de flores (en los años pares).

De entre todos sus edificios sobresale el Ayuntamiento u **Hôtel de Ville,** el único edificio de la plaza que se salvó del bombardeo efectuado por las tropas francesas. Esta joya arquitectónica conjuga varios estilos. Su fachada está ocupada por una infinidad de estatuas. Representa el centro estratégico de la capital, por lo que aquí tiene su oficina el burgomaestre (alcalde) y los concejales.

Hôtel de Ville
- B2
- Grand-Place
- Abierto todos los días de 9 a 18 h

▶ Hôtel de Ville, el Ayuntamiento en la Grand Place.

◀ Fuente del Manneken Pis, pequeño en tamaño pero grande en fama.

MANNEKEN PIS ★★

Ubicado en la esquina que hacen la rue de L'Étuve y la rue du Chêne. Este descarado niño haciendo pis desnudo es el gran-pequeño icono de la ciudad. La estatua original era de madera, pero se sustituyó por la actual que es de bronce. Se cree que la figura ya existía desde el siglo XIV.

Su estampa recuerda a la *Gioconda,* por aquello de su diminuto tamaño y el gran número de turistas que se concentran entorno a él. Es la foto de rigor que todo el mundo toma cuando visita la ciudad. Su imagen se ve estampada en todo tipo de recuerdos. Resulta curioso el hecho de que dispone de un vestidor tan amplio (675 trajes) que las prendas están expuestas en el **Museo de la Ciudad.** A pesar de su nutrido número de vestidos, suele estar desnudo. Es en Carnaval cuando luce su indumentaria.

La zona está rodeada de chocolaterías en las que probar sus variados sabores, formas y texturas. **Godiva, Choco Holic** y **Elisabeth** son algunas de las opciones que custodian al niño que dicen, hizo pis sobre una bomba.

PLACE DE LA BOURSE ★★

Espacio en el que se levanta el **edificio de la Bourse/La Bolsa.** Se trata de una construcción neoclásica de 1873 con una fachada plagada de figuras alegóricas. En el edificio se encuentran el **Belgian Beer World,** museo de la cerveza, y el **Bruxella 1238,** un museo arqueológico.

La historia hecha piedra dice que, en el año 1238, a la comunidad religiosa de los franciscanos se les otorgó un permiso para instalarse entre el río Senne y la Grand Place, puntos estratégicos en la ciudad durante la Edad Media. Este sitio conoció tiempos prósperos y de adversidad, de expansión, padeció la destrucción durante el periodo calvinista y el bom-

🕓 B-C2
✉ Rue de L'Étuve esquina la rue du Chêne

Musée de la Ville
🕓 B2
✉ Maison du Roi. Grand Place
🕐 De martes a domingo de 10 h a 17 h
🖥 www.brusselscitymuseum. brussels

Bruxella 1238
🕓 B2
✉ Rue de la Bourse
🕐 Diario, de 10 h a 17.30 h
🖥 www.boursebeurs.be/fr/ bruxella-1238

Belgian Beer World
🕐 Diario, de 10 h a 17.30 h
🖥 www.belgianbeerworld.be
🎫 17 €

BRUSELAS

1:14.000 (1 cm = 140 m)

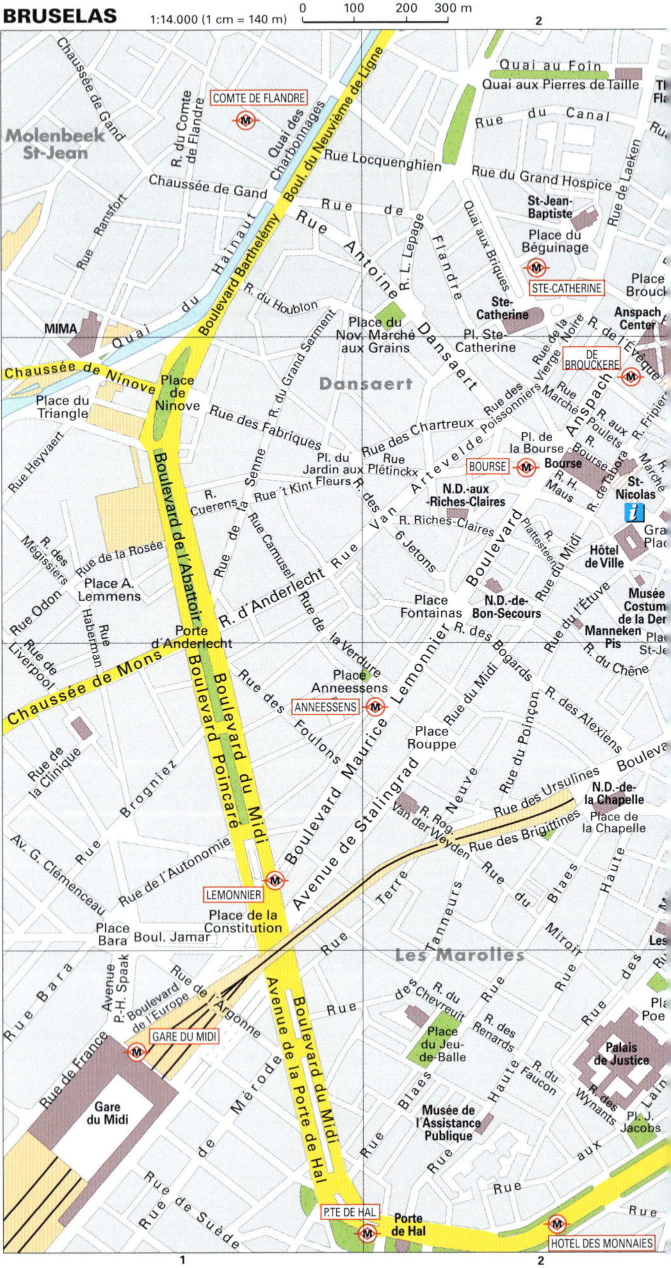

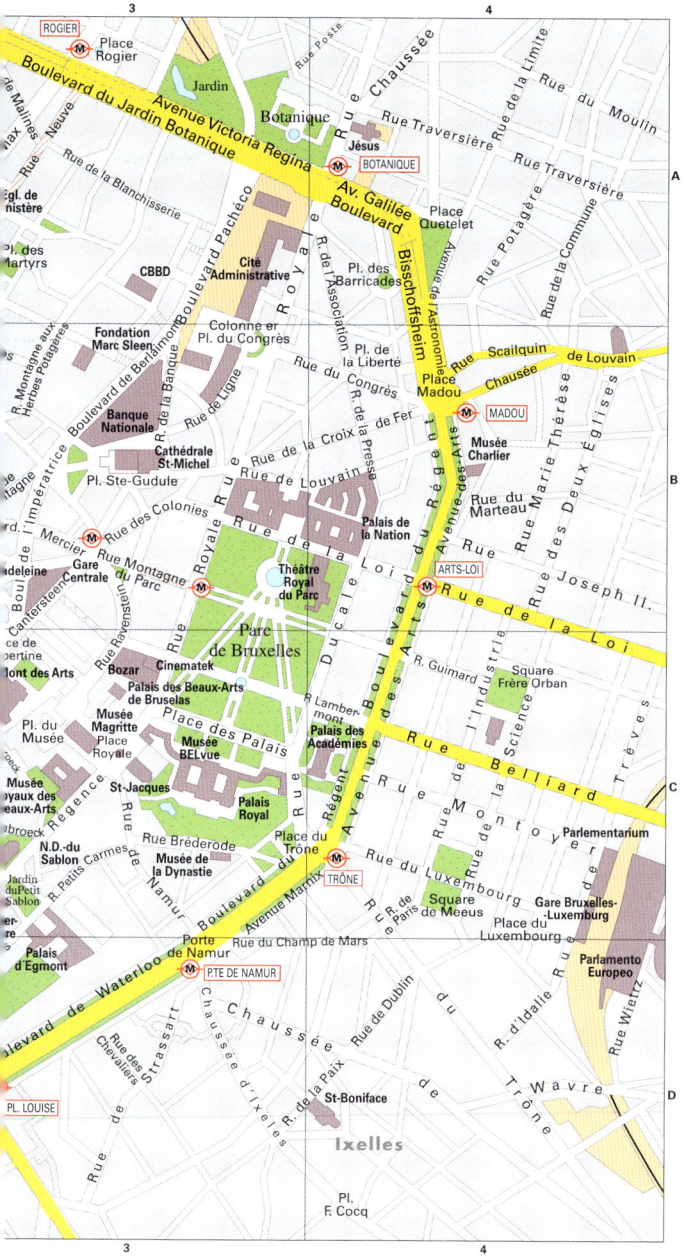

Lugares para disfrutar de buenas vistas

✓ Explanada del Palacio de Justicia, **Place Poelaert.**
✓ **Restaurante** de la azotea del **Museo de los Instrumentos Musicales.** Rue Montagne de la Cour 2.
✓ La **10ª planta del Parking 58.** Rue de L'Evêque 1.
✓ **Cúpula** de la **Basílica del Sagrado Corazón de Koekelberg.**
✓ La parte superior de las **arcadas del Parque del Cincuentenario.**

bardeo acaecido en el año 1695. Fue reconstruido varias veces hasta que desapareció finalmente durante la época de dominio francés.

Muy próxima se encuentra la rue **Antoine Dansaert** que junto a las calles aledañas destila creatividad y modernidad en los escaparates, cafés y restaurantes, recomendada para amantes de la moda diseñada por jóvenes talentos.

RUE DES BOUCHERS ✱

Atraídos por el bullicio y el olor de los mejillones al vapor exhibidos en todos los menús como gran reclamo, se llega a la rue des Bouchers. Una calle estrecha como consecuencia de la invasión de mesas y sillas de los restaurantes turísticos que la invaden.

No espere delicias gastronómicas. Sin embargo, el paisaje merece la pena y por poco dinero se puede dar buena cuenta de un plato de mejillones (*moules*) y una cerveza.

GALERÍAS SAINT-HUBERT ✱

Esta pasarela urbana construida en el año 1846 se compone de tres alas: La Galería del Rey, de la Reina y de los Príncipes.

Debajo de esta solemne arcada se encuentran tiendas refinadas y cafés a cubierto, ideales para resguardarse en los días que llueve o hace frío en Bruselas. Aquí se vende de casi todo: libros, chocolate, ropa y complementos y recuerdos.

▼ Galeries Royales Saint-Hubert

◄ La catedral de Bruselas está dedicada a los patrones de la ciudad, San Miguel y Santa Gúdula.

I CENTRO BELGA DEL CÓMIC (CBBD) **★★**

En el centro de Bruselas, en un elegante edificio Art Nouveau construido por Victor Horta en 1906, el CBBD abrió sus puertas el 6 de octubre de 1989 y se ha convertido en una de las principales atracciones de Bruselas.

A3
Rue des Sables 20
www.cbbd.be

I PLAZA ÁGORA **★★**

Un encantador enclave muy concurrido durante todo el día. La **plaza de España** cercana es una vía de escape, un rincón para sentarse y contemplar las estatuas de Don Quijote y Sancho Panza con tranquilidad.

I CATEDRAL DE SAN MIGUEL Y SANTA GÚDULA **★★★**

Ambos son los patrones de la ciudad. El templo fue restaurado en varias ocasiones. Su construcción comenzó en el año 1226 y se prolongó por 300 años. Su arquitectura mezcla varios estilos: románico, gótico y renacentista. Su interior es austero, muchas piezas fueron robadas durante el saqueo francés de 1695.

B3
Parvis Sainte-Gudule
cathedralisbruxellensis.be

UN PASEO A PIE

El Mont des Arts

Distancia
1,5 km

Tiempo
3 horas

Punto de partida
Place de L'Albertine

Punto de llegada
El Parque Bruselas

Almuerzo
Restaurant&traiteur
BOZAR
Rue Baron Horta 3 B

▼ Museo de los
Instrumentos Musicales,
en el edificio
Old England.

Leopoldo II deseaba rodear el Palacio Real de belleza y buenas vibraciones. Bajo esta premisa concibió el Mont des Arts. En un radio de 300 m levantó unas instituciones culturales que hoy siguen siendo de las más relevantes de Bruselas. El recorrido parte desde la Place de L'Albertine/Albertina Plein, desde donde se asciende por una escalinata custodiada por unos bonitos jardines.

En la cima de este cultural montículo se encuentra el **Bozar-Palacio de Bellas Artes**, un gran templo para la celebración de eventos, exposiciones y festivales. Muy próximo a él, en la Rue Montagne de la Cour 2, está el **Museo de los Instrumentos Musicales,** instalado en los antiguos edificios *Old England,* una gran tienda de lujo muy preciada por su elegancia en el siglo xx. En su interior se pueden escuchar 1.500 instrumentos del todo el mundo gracias a un sistema multimedia.

Continuando con el descenso, a la altura de la Place Royale/Koningsplein, puede hacer un alto en el recorrido y visitar el **Musée Magritte Museum** (Place Royale 1; ▶52), donde se expone la colección de obras de arte del célebre pintor surrealista belga, René Magritte.

Justo al lado se ubican los **Museos Reales de Bellas Artes/ Musées de Beaux-Arts**: sus salas albergan 20.000 obras antiguas y modernas.

En torno al Mont des Arts también se puede disfrutar del **yacimiento arqueológico de Coudenberg,** los vestigios del antiguo **palacio medieval de Bruselas** (residencia del emperador Carlos V) y la antigua **calle Isabelle** (soterrada), en Place des Palais 7.

El **Museo Belvue** (www.belvue.be) es perfecto para conocer la historia de Bélgica de una manera dinámica, junto al Hotel Bellevue y terminar el recorrido frente al Palacio Real donde se halla el **Parque Bruselas,** muy popular y con amplias avenidas arboladas.

▲ Plaza y teatro de la Monnaie.

En la cima de la Torre Norte (la de la izquierda desde el frente) anida una familia de halcones peregrinos. Gracias a una cámara instalada bajo una garita es posible verlos llegar en primavera. Si se quiere descansar, incluso tumbarse, si el tiempo lo permite, una buena opción es el parque que hay enfrente.

I TEATRO REAL DE LA MONNAIE ✳

Este teatro de la ópera es uno de los más grandes de Europa. Es una construcción neoclásica diseñada por el francés Louis Damesme, inaugurada en mayo de 1819 con la ópera *La Caravane du Caire* del compositor belga André Grétry. Cerca se abre la **place des Martyrs**, decorada con un monumento conmemorativo a los mártires que murieron durante la revolución de 1830. Constituye un remanso de paz para quienes huyan de las compras en la **rue Neuve**.

B2-3
Place de la Monnaie
www.lamonnaie.be

LE SABLON

Este es un barrio con aires decimonónicos, señorial y adoquinado. Ubicado en la zona alta de la ciudad, es el espacio ideal para los coleccionistas y a los que les gusta pasar el tiempo mirando antiguallas. Para los más golosos una parada obligatoria es la tienda de Pierre Marcolini, un innovador y vanguardista maestro chocolatero.

I IGLESIA NOTRE-DAME DE LA CHAPELLE ✳

En su interior alberga la tumba del pintor Brueghel. Junto a ella hay un **parque de patinaje** *(skate park)*, donde se concentran los jóvenes acróbatas del mono-

C2
De 9 h a 18 h

patín y la bicicleta. La imagen urbana que proyecta el sitio, está ubicado sobre las vías del tren y los muros que lo rodean están grafiteados, contrasta con el entorno clásico en el que se encuentra.

Para reponer fuerzas de una manera muy belga nada mejor que acercarse a la **Friture de la Chapelle** (puesto de patatas fritas) y dar buena cuenta de un cucurucho de *frites*.

❙ MUSÉE MAGRITTE
Y CASA-MUSEO DE RENÉ MAGRITTE ★★★

Expone la colección de obras de arte del artista surrealista belga más importante del mundo. En su interior se pueden admirar sus obras de títulos ambiguos y temáticas provocadoras. Para completar el universo de René Magritte nada mejor que un recorrido por lugares que le influyeron y que dan vida a la Bruselas surrealista.

Abierto al público desde junio de 2009, es uno de los lugares más visitados. Alberga una colección multidisciplinar sin igual en sus salas. Sus 2.500 m^2 contienen más de 200 obras consistentes en óleos, dibujos, esculturas, objetos pintados, carteles publicitarios, partituras musicales, fotografías y películas que produjo. Las piezas que se exhiben fueron compradas por los Museos Reales de Bellas Artes y otras forman parte del legado de Irène Hamoir-Scutenaire y Georgette Magritte. Además, el museo funciona como centro de investigación de la vida del artista.

Esta visita se completa acercándose hasta la **Casa-Museo de René Magritte**. Esta vivienda fue restaurada y convertida en un museo diseñado como un homenaje permanente a uno de los ar-

Musée Magritte Museum
- 🕐 C3
- 🏛 Place Royale 1
- 🕐 De martes a viernes de 10 h a 17 h, fines de semana de 11 h a 18 h
- 🌐 www.musee-magritte-museum.be
- 💶 10 €

Musée René Magritte
- 🕐 A1 (f.p.)
- 🏛 Rue Esseghem 135
- 🕐 De miércoles a domingo de 10 h a 18 h
- 🌐 www.magrittemuseum.be
- 💶 10 €

▼ Interior del museo Magritte Museum.

tistas más brillantes de todos los tiempos. Fue aquí donde vivió durante 24 años. En este apartamento alquilado pintó casi la mitad de su obra. Ese tiempo se corresponde con el de mayor creatividad. En el número 135 de la rue Esseghem, además de vivir René, se convirtió en el centro neurálgico del surrealismo belga. Los fines de semana los artistas se reunían aquí y organizaban diferentes actividades y programas. Todo ese movimiento y acciones están documentadas con fotografías, cartas y otros objetos personales.

I RUE ROLLEBEEK ✶
Calle peatonal custodiada por restaurantes y tiendas. Si se toma el camino de subida se alcanza la plaza del Grand Sablon. En días de sol las mesas dispuestas en el exterior están todas repletas. A diferencia de otros lugares parecidos, aquí la calidad de los establecimientos es superior.

I PLACE DU GRAND SABLON ✶✶✶
Una plaza flanqueada por más restaurantes y terrazas y la fuente de la diosa Minerva, obra de J. Bergé que data del año 1751. Aquí tiene una de sus tiendas el novedoso maestro chocolatero **Pierre Marcolini**, y al otro lado, se halla la **librería Taschen.**

En esta plaza arbolada se celebran varios mercados a lo largo de la semana. Durante el **mercado de antigüedades,** los anticuarios se instalan bajo unas carpas verdes y rojas con piezas únicas que disfrutan coleccionistas y curiosos a partes iguales. En torno al barrio de Sablon y sus alrededores se suceden los anticuarios, las salas de subasta y galerías de arte. En el **mercado de productos selectos,** una veintena de agricultores instalan puestos de productos de primera calidad para su venta.

I IGLESIA DE NOTRE-DAME DU SABLON ✶
Este templo religioso preside la plaza du Grand Sablon. La construcción es una muestra de estilo gótico-brabantino. Se construyó entre finales del siglo xiv y comienzos del xv. Cruzando la rue de la Régence se llega al encantador **jardín Petit Sablon,** adornado con estatuas en honor a los antiguos gremios tradicionales y una fuente.

I PARQUE DE EGMONT ✶✶
Enclaustrado de una manera agradable entre la rue aux Laines y el boulevard de Waterloo, es un jardín coqueto y tranquilo. Es como una isla dentro de Bruselas, un lugar para reflexionar y meditar.

I Más Magritte
Para los que buscan el alma de René Magritte y la esencia del surrealismo en Bruselas deben dejarse caer por **La Fleur en Papier Doré,** una taberna típica, en la rue des Alexiens 53.

🛈 C3

🛈 C3
🛈 www.
fondsamiseglisesablon.be

🛈 D3

▶ Iglesia de Notre-Dame du Sablon.

🕐 D2
🕐 De lunes a viernes, de 8 a 17 h

El **Passage Marguerite Yourcenar** está jalonado por catorce representativas frases de la escritora extraídas de su novela *La obra en negro* y grabadas en piedra azul. En su interior se encuentra la **Orangerie**, una sala de té y restaurante, un lugar que antiguamente se usaba para conservar el hielo. Junto al parque se levanta el **palacio de Egmont**, Construido en el siglo XVI y reconstruido en el XVII por la familia del príncipe de Arenberg.

❙ PALACIO DE JUSTICIA ★★★

Este magno edificio fue ideado por Leopoldo II. Emplazado por encima del barrio obrero de Marolles para así recordar al pueblo de la ley y el orden. El arquitecto que lo diseñó fue Poelaert, aunque no pudo ver acabado su edificio porque murió antes de finalizar las obras. La plaza que precede a la construcción lleva su nombre. Desde aquí se puede gozar de una panorámica hermosa de Bruselas. Desde este punto hay dos maneras de llegar al barrio de Les Marolles: por un ascensor urbano que baja hasta la plaza de Brueghel el Viejo o bordeando el Palacio de Justicia por la rue de Wynants, haciendo esquina con la Place J. Jacobs.

Si opta por este camino quizá le apetezca hacer una parada técnica en **L'Inattendu,** en el número 13

de la misma calle, un restaurante de comida belga en un local pintoresco y acogedor.

I MUSÉE ROYAL D'ART ANCIEN ★★★

Cerca de la iglesia Nôtre Dame du Sablon, hacia la Place Royale por la Rue de la Regence, se levanta este famoso museo que atesora obras maestras de arte flamenco primitivo, barroco y arte holandés. Considerado uno de los mejores del mundo, forma parte de la red de **Musées Royaux des Beaux-Arts**. Expone obras de Roger van der Weyden, Pieter Brueghel, Memling, El Bosco, Lucas Cranach, entre otros, y otras obras anónimas famosas

Está comunicado por un pasaje subterráneo con el **Musée d'Art Modern,** que contiene una de las más importantes colecciones del mundo dedicada al arte de los siglos XIX y XX. Entre sus fondos destacan las obras de los surrealistas René Magritte, Paul Delvaux o Francis Bacon, así como los representantes del grupo *CoBrA* (Copenhague, Bruselas, Amsterdam).

I MUSÉE FIN DE SIÈCLE ★★★

Este museo se añadió en 2013 a la red de Museos Reales para completar el panorama artístico expositivo de la ciudad. Especializado en los años de cambio de siglo alrededor de 1900.

Museo de Arte Antiguo

- C3
- Rue de la Régence 3
- https://fine-arts-museum.be
- Abre mar-vier de 10 a 17 h; sáb y dom, de 11 a 18 h; cierra lunes.

Museo de Arte Moderno

- C3
- Rue de la Régence 3
- De 10 h a 17 h excepto lunes. Sábados y domingos, de 11 a 18 h
- www.fine-arts-museum.be/en/museums/musee-modern-museum
- 10 €

Museo de Fin de Siglo

- C3
- Rue de la Régence 3
- De 10 h a 17 h, excepto lunes. Sábados y domingos, de 11 a 18 h
- https://fine-arts-museum.be
- 10 €

UN PASEO A PIE

Distancia
1,5 km

Tiempo
3 horas con paradas

Punto de partida/llegada
Place Louise

La Avenue Louise y alrededores

En la Place Louise confluyen las rutas de las compras más exclusivas de la zona alta de Bruselas. Las grandes arterias arboladas de la rue de Namur, Avenue Louise, Toison D'Or y el Bulevar de Waterloo están custodiadas por las más importantes y reconocidas firmas nacionales e internacionales del mundo de la moda. Estas calles invitan al paseo y a las compras.

De la Place Royale parte la **rue de Namur** donde se sitúan las grandes casas de moda *prêt-à-porter* y de alta costura. Una muestra es la reputada y lujosa **Casa Natan,** en el número 78, que viste a princesas, reinas y famosos. Junto a estas tiendas hay otras más al alcance de cualquiera, como la firma **Bensimon–Home Autour du Monde,** con objetos de decoración sorprendentes y originales, además de ropa y accesorios.

Siguiendo la calle se llega al **Boulevard Waterloo** donde se localizan las principales marcas nacionales y extranjeras. Una recomendación interesante es la **Galerie La Verrièvre**, con obras de arte propuestas por la Fundación Hermès, en el número 50.

En la misma plaza nace la **Avenue Louise** en la que se pueden encontrar tiendas con productos seleccionados a precios más asequibles, como por ejemplo, **Bellerose**, una firma belga especializada en prendas juveniles, o la juguetería **Serneels** *(https://serneels.be),* una institución en la ciudad. Visitar esta tienda es rememorar la infancia ya que recrea un mundo de príncipes y princesas, de muñecas, de osos de peluche y jirafas, de castillos y marionetas…

▲ La calle comercial Avenue Louise.

Después de un día de compras por el barrio señorial y de alta gama de Louise el descanso no puede ser menos sofisticado. Las opciones son el **Parque Egmont**, una terraza en **Louise Village** o el bar de algunos de los elegantes hoteles de la zona. Más popular es la zona de la Porte de Hal, con restaurantes y tiendas con precios más económicos.

LES MAROLLES

En este barrio vivió el pintor brabanzón Pieter Brueghel el Viejo (1525-1569) y sus restos descansan en la iglesia de la Chapelle.

Dicen que aquí nace la verdadera Bruselas, donde se puede observar el carácter bruselense: revanchista, pero solo en su justa medida, surrealista hasta la médula y con un sentido del humor que está por descubrir. Reina un ambiente desenfadado, sin ataduras, que se respira en sus tiendas llenas de gangas y donde regatear es una noble opción en sus mercadillos.

▲ Rastro en la Place du Jeu de Balle.

❙ PLACE DE BRUEGHEL EL VIEJO   ✳

Si se toma el ascensor urbano de la Place Poelaert, en la zona alta de la ciudad, se accede a la **Place de Brueghel el Viejo**. Tiene varios cafés con terraza y unos bancos serpeantes que otorgan un aire peculiar a este rincón de la ciudad.

❙ RUE HAUTE   ✳✳

En esta calle, una de las arterias principales del barrio, se concentran cafés, tiendas, anticuarios y otros establecimientos donde se puede tomar un café y picar algo. También hay tiendas de segunda mano y de decoración.

La **rue des Renards**, perpendicular a Haute y Blaes, es un buen lugar para tomar algo y/o pasear.

◉ C3

❙ PLACE DU JEU DE BALLE   ✳✳

Los fines de semana en la plaza se celebra el **Marché aux puces,** de 7 a 14 h. Un mercadillo en el que se vende desde la vajilla de la abuela, hasta máscaras africanas pasando por ropa. Se puede regatear.

El **antiguo parque de bomberos** de la plaza se transformó en un coqueto y agradable *corner* de tiendas. Por otro lado, hay un puesto callejero en el que se pueden degustar caracoles de mar al vapor, una costumbre local.

◉ D2

❙ GARE DU MIDI   ✳

En el barrio de Saint-Gilles, al otro lado de la Porte de Hal. La **estación de tren,** a la que llegan los trenes de alta velocidad y el *EuroStar,* ha rehabilitado la zona. Este lugar, extramuros cuando Bruselas se concentraba en el interior de una muralla, era un huerto que abastecía de verduras a los habitantes. Esa tradición se mantiene hoy en el **Marché du Midi,** los domingos por la mañana.

◉ D1
✉ Avenue Fonsny 47 B

FLAGEY

Es un barrio animado y moderno, de ambiente bohemio y relajado, conectado con la cultura y la juventud, pues muy cerca se halla la Universidad. Alrededor de los **estanques de Ixelles,** rodeado de fuentes y sauces llorones, se levantan casas señoriales de estilo art nouveau y déco, una imagen campestre dentro de la ciudad. Para el viajero que se quede con ganas de más, una alternativa interesante es subir por la **Chaussée d'Ixelles** e ir sintiendo cómo se mezclan las culturas en el **barrio de Saint-Boniface** y el ambiente se africaniza en **Matongé.**

. . . .

Edificio Flagey
🕐 D4 (f.p.)
✉ Antigua Casa de la Radio
Place Sainte-Croix
📱 www.flagey.be

Café Belga
✉ Place E. Flagey 18

Frit´Flagey
✉ Place E. Flagey

▲ Parque de Ixelles.

. . . .

✉ Rue Américaine 25l
📱 www.hortamuseum.be

. . . .

🕐 D4 (f.p.)

. . . .

Le Chalet Robinson
✉ Bois de La Cambre
Sentier de l'Embarcadère 1
📱 www.chaletrobinson.be

❚ PLACE E. FLAGEY ★★★

La plaza está presidida por el **edificio Flagey**. Se trata de una casa de la música con predilección por el jazz. Fue la primera sede de la radio nacional. Es un edificio de estilo art déco diseñado por el arquitecto Josep Diongre en 1938. Tiene forma de barco y en su inauguración cumplió con las exigencias técnicas y acústicas más estrictas de la época.

Se renovó por completo y en 2002 volvió a abrirse al público como espacio cultural. Cerca se celebra un **mercado de flores y alimentación**. Después de pasear, el **Café Belga** o el **puesto de patatas fritas Frit'Flagey** son dos buenas opciones.

❚ MUSÉE HORTA ★★★

El barón Victor Horta (1861-1947) fue el fundador y el artista más importante del art nouveau en Bélgica, adquiriendo fama internacional. Está instalado en la casa que se construyó en 1898-1900 como vivienda y taller. La casa de Horta, junto con las casas Tassel, Solvay y van Eetvelde proyectadas por él, están declaradas Patrimonio de la Humanidad por la Unesco.

❚ ABBAYE DE LA CAMBRE ★★

Se llega paseando por el margen de la Avenue de l'Hippodrôme por los **estanques de Ixelles**. El edificio y los jardines donde se levanta esta abadía son una joya. La construcción data de 1201 y perteneció a monjas cistercienses. Fue reconstruida en el siglo XVI y ampliada en el XVIII.

❚ BOIS DE LA CAMBRE ★★

Es un gran parque compuesto por grandes avenidas y románticos senderos, muy frecuentado los fines de semana. En su interior y ubicado en una isla se halla el restaurante **Le Chalet Robinson,** edificio de 1877, remodelado con maderas de bosques sostenibles.

ALREDEDORES DE BRUSELAS

La visita a Bruselas no está completa si uno no se aleja del centro y visita algunos de los lugares de su periferia que albergan el mismo interés cultural y turístico y enriquecen el viaje. Gracias a las adecuadas indicaciones y a la buena red de transportes públicos metropolitanos resulta fácil llegar. No hay excusas para no ir y ver más allá de lo que aparece en los planos de la ciudad.

I VILLA EMPAIN   ✱✱

Erigida en 1930, es una joya del estilo art déco del arquitecto Josef Hoffman. Un edificio moderno y lujoso que acoge variadas exposiciones y eventos. Su cometido es establecer un diálogo cultural entre Oriente y Occidente.

✉ Av Franklin Roosevelt 67
🌐 www.villaempain.com

I BASÍLICA DEL SAGRADO CORAZÓN   ✱

Otro bello edificio de estilo art déco. Mide 89 m de alto y 167 de largo. El motivo de su construcción fue el 75 aniversario de la independencia de Bélgica. Las obras se tuvieron que parar durante las dos guerras mundiales, finalizándose en 1971.

Se localiza en el periférico barrio de Koekelberg. Desde el exterior llama poderosamente la atención su cúpula de color verde, en contraste con el tono rojizo de la piedra caliza y terracota.

✉ Parvis de la Basilique, 1. Koekelberg

▼ Basílica del Sagrado Corazón.

✉ Atomiumsquare
🕐 Todos los días de 10 h a 18 h
🌐 www.atomium.be
💶 16 €

Mini-Europe
🌐 www.minieurope.com

I ATOMIUM ***

Símbolo de la Exposición Universal de 1958, se halla rodeado de bellas zonas verdes como el **Jardín Colonial,** el **Parc Sobieski** y los **Jardines du Fleuriste** y su mobiliario de diseño. Es, junto con la Grand Place el monumento por excelencia de Bruselas. Esta proeza arquitectónica es la representación de un átomo de hierro ampliado 165.000 millones de veces. Está compuesto por 9 esferas de acero de 18 m de diámetro y 2.400 tonelades de peso cada una. Están comunicadas entre sí por tubos y por medio de escaleras mecánicas. Su altura es de 102 m. La estructura la diseñó el arquitecto André Waterkeyn. Se escogió este modelo por la importancia de la industria metalúrgica en el país, convirtiéndose así en uno de los mayores referentes arquitectónicos de la época.

A poca distancia se ubica el **Planetario,** construido en 1935 y reconstruido por Aerts en 1973, y **Mini-Europe,** donde se recrean en miniatura algunos de los edificios más relevantes de Europa, y cuya entrada puede ser combinada con la del Atomium.

✉ Place de Belgique 1
1020 Laeken
🕐 Todos los días de 11 h a 19 h
🌐 https://designmuseum.brussels
💶 10 €

I MUSEO ADAM (MUSEO DE ARTE Y DISEÑO) *

Este espacio de 5.000 m^2 muestra una colección de piezas de arte y del diseño de los siglos xx y xxi. Un ejemplo de lo que exhiben sus salas es una colección de obras de arte fabricadas con plástico.

El museo cuenta con una colección permanente y otras temporales, que rotan cada varios meses a lo largo del año. Se encuentra en la explanada de Heysel, a dos pasos del Atomium.

▼ Torre Japonesa en el parque de Laenken.

I PARQUE DE LAEKEN/ LAEKENPARK **

Las 26 ha de este parque esconden varias maravillas como un **castillo** de estilo gótico flamígero, erigido en memoria de Leopoldo I, el **Jardín del Pabellón Chino** y la **Torre Japonesa**, levantada para la Exposición Universal de París de 1900 y trasladada a Bruselas poco después, y los **Serres Royales** o Invernaderos Reales. En la construcción de estos participó Victor Horta. Es una especie de ciudad de cristal con cúpulas, galerías y pabellones que albergan especies raras y una exuberante vegetación.

La entrada al parque está a la izquierda de la avenida du Parc Royal; al comienzo, a la derecha está el **monumento a la reina Astrid**. Delante de la verja hay una calle que conduce a la place de la Dynastie-Vorstenhuis, donde se encuentran el **monumento a Leopoldo I** (1880), y la pequeña **villa Belvedere,** del siglo XVIII.

A los pies de la colina, a la izquierda de la calle principal, puede verse la **capilla de Saint-Anna,** junto con una fuente de 1625. Un poco antes se encuentra el **château du Stuyvenberg,** espaciosa granja del siglo XVI, destinada a residencia de invitados ilustres.

▲ Atomium, icono de la ciudad.

| TRAIN WORLD ★★

Este museo, abierto en 2015, se ubica en la estación de Schaerbeek (al noreste), una de las joyas de la arquitectura ferroviaria belga, construida en 1887. Alberga no solo las más bellas piezas de colección de locomotoras y vagones históricos de los ferrocarriles belgas, también muestra el gran papel del tren en la movilidad actual y del futuro.

Hay numerosos tesoros como la locomotora de vapor más antigua de Bélgica, vagones reales, máquinas predecesoras de la alta velocidad, un simulador de conducción, etc. además de centenares de objetos ferroviarios.

✉ Place Princesse Elisabeth 5, 1000 Bruxelles
🕐 De 10 h a 17 h, excepto lunes
📞 www.trainworld.be
💶 15 €

La región de Flandes

Una región ligada a la historia de España donde la impronta cultural es notable: el gótico flamígero, las pinturas de Jan Van Eyck, Brueghel, Van Dick, Rubens y Magritte conviviendo con los diseñadores de moda más vanguardistas. Este poso artístico y creativo lo exhiben orgullosas ciudades como Amberes, Malinas, Lovaina, Gante y Brujas… además de un extenso patrimonio arquitectónico que se puede ver a golpe de pedal subido en una bicicleta.

❙ Amberes (Anvers, Antwerpen)

Amberes es un diamante que se asienta a orillas del Escalda. Después de mucho tiempo la ciudad vuelve a mirar al río y hoy, orgullosos los amberinos, disfrutan de la renovada zona portuaria. Desde el muelle se importa y se exporta talento. Es un lugar donde atraca la creatividad que se extiende entre las calles y los vecinos, para hacer que Amberes no deje de moverse y ser atractiva al turismo.

S u escala humana la convierte en una ciudad saludable y accesible, sin echar de menos los servicios de una gran urbe. Todo lo que hay, en cualquier ámbito de la cultura y las artes, es reducido pero de calidad. Es una especie de campo de pruebas de las tendencias que aterrizarán en las grandes metrópolis del mundo. No resulta difícil dejarse llevar y disfrutar de esta ciudad concebida para vivir de manera disoluta y refinada.

VISITA A AMBERES: CENTRO HISTÓRICO

Resulta una ciudad que se ve sin esfuerzo, donde los oriundos y forasteros confluyen en el remodelado puerto. Todo el mundo quiere disfrutar del río Escalda. Es una ciudad flexible, a la moda, donde los espacios se adaptan a las nuevas circunstancias y los estilos arquitectónicos se fusionan. Visitar el centro es dar un paseo medieval a través de las calles, las fachadas de los edificios y esas plazas que hacían las veces de mercado, en torno a la catedral.

❙ MUSEO DE REEDE   ✶✶
El interior de este museo, dedicado a las artes gráficas, alberga 150 obras de tres grandes artistas reconocidos a nivel internacional: el noruego Edvard Munch, el español Francisco de Goya y el belga Félicien Rops (en Namur se puede visitar su museo).

La colección del De Reed se extiende desde el siglo XVII hasta el siglo XXI y las piezas que muestra son trabajos sobre papel: litografías, grabados y aguafuertes, principalmente. Además de las obras de estos tres grandes creadores se pueden ver los trabajos de otros artistas, incluidos un gran número de ellos procedentes de Bélgica. El museo está instalado en un edificio de apartamentos que se conoce como *De Reede* (La Razón) y que da nombre al sitio.

❙ Cómo llegar y moverse
Desde el aeropuerto de Bruselas hay conexiones cada hora vía autobús y tren con Amberes. El trayecto en los trenes de alta velocidad dura unos 50 minutos (www.sncf-connect.com). Se puede recorrer a pie o cómodamente en bicicleta (*Velos,* velo-antwerpen.be) para trayectos cortos. En transporte público, es recomendable comprar un abono de diez viajes.

· · · · · · · · · ·

Oficina de Turismo
✉ Grote Markt, 13
☏ https://visit.antwerpen.be

· · · · · · · · · ·

❐ B2
✉ Ernest Van Dijckkaai 7
2000 Antwerpen
☏ https://museum-dereede.com
🕐 Cierra martes, miércoles y jueves. Abre de 11 h a 17 h
💳 15 €

AMBERES

1 **2**

A

W-Kloos Plein

Museum aan Stroom

Museum Red Star Line

Falcon-Plein

Van-Meteren-Kaai

St-Pieters-Vliet

Nosse-Straat

St-Paulus-Plaats

Huik-Str.

Klapp-Str.

Multi-Straat

Minder-ders-s

St-Paulus-Str.

Vee-Markt

St.Paulus

Koepoort-Straat

Minderbroeders-Rui

Archief

Doornik-Str.

Thonet-Laan

Steen

Jordaens-Kaai

Vleeshuis

Oude Beurs

St-Katelijne-Vest

Escalda

Steen Plein

Kaipers-Str.

Oude-Beurs

Wol-Straat

F-V.-Eeden -Plein

Museo De Reede

Ortelius-K.

St-Carolus

Ernest-Van-Dijck-Kaai

Stadhuis

Grote Markt

Vlaeykensgang

Melk-Markt

Korte-Nieuw-Str.

B

Túnel peatonal

Suiker-Rui

i

Oude-Koorn-Markt

Kathedraal O. L.Vrouwkerk

Eier-Markt

Vlas-Markt

Reynders-Straat

Groen-Plaats

Kammen-Straat

St-Jans Vliet

Plantin-Kaai

Oever-Hoog-Straat

Steenhouwers-Vest

Museum Plantin-Moretus

Schoen-Markt

Me Bru

Wieg-Str.

Lombarden-Vest

O.Munt-Str.

MoMu ModeMuseum

De Wilde Zee

St-Andries

Augustijnen-Str.

St-Augustinus

Huit

C

Sint-Michiels-Kaai

Klooster-Straat

L.-Ridders-Str.

St-Antonius-Straat

Oudaan

Lange-Gasthuis-St

Fortuin-Str.

St-Andries-Plein

Vlier-Str.

Nationale-Straat

Aalmoezenier-Str.

Brede-Str.

Vleminck-Veld

Riem-Str.

Prekers-Str.

Rosier

Schelde-Straat

Begijnen-Str.

Mechelse-Plein

Cockerill-Kaai

St-Rochus-Straat

Bervoet-Str.

Scherme-Str.

Kapucienessen

Kapucienenstraat

Begijne

D

MUHKA Museum voor Hededaagse Kunst

Kronenburg-Straat

Leuven-Str.

Waalse-Kaai

Foto Museum FOMU

Graaf-V.-Egmont-Str.

Volk-Straat

Geuzen-Str.

Vrijheid-Str.

Marnix-Plaats

Tol-

Kasteelplein-Straat

Marnix-Plaats

Brits

Justitie

Museum-Str.

K.-Rogier-Str.

De-Vriere-Str.

Straat

Verbond-

Amerika-Lei

Gerechtshof

Vlaamse-Kaai

Leopold-De Wae-Plein

Schilders-Str.

Verschansing-Str.

Gillis-Plaats

1 **2**

▶ Estatua del pintor Pedro Pablo Rubens y la torre de la catedral.

● ● ● ● ● ● ● ● ●

🔵 B2
✉ Handschoenmarkt
📞 www.dekathedraal.be

▌ Lugares con buenas vistas

✓ **Linkeroever**, en el margen izquierdo del río, cruzando un túnel peatonal de más de 80 años de antigüedad. Se puede subir en las vetustas escaleras mecánicas o en el ascensor habilitado para bicicletas.
✓ Mirador de la **Catedral Olv.**
✓ Terraza del **MAS Museum**, en el distrito Eilandje.

▌ ONZE-LIEVE-VROUWEKATHEDRAAL ✶✶

La Catedral de Nuestra Señora fue construida a lo largo de 169 años (entre 1352 y 1521) y es la mayor construcción gótica de cuando Bélgica formaba parte de los Países Bajos. Sus siete naves la hacen única en el mundo. Y si por fuera impresiona, en su interior entre otros tesoros, alberga obras de Rubens.

Orgullo de la catedral y símbolo de la ciudad es la magnífica **torre,** de 123 m de altura y con un carillón de más de 500 campanas. A su sombra se extiende la **Groenplaats**, donde lucen las antiguas casas gremiales con sus fachadas ornamentadas.

▌ GROTE MARKT ✶✶✶

La Plaza Mayor es el corazón de la ciudad. En dos de sus tres lados hay casas gremiales de los siglos XVI y XVII. En su lado oeste se alza el **Ayuntamiento/ Stadhuis,** un edificio renacentista flamenco-italiano. En el centro de la plaza se ubica la famosa **fuente de Brabo,** representado en el momento de arrojar la mano del gigante Antigoon al río Escalda.

El nombre de la ciudad deriva de "arrojar la mano". Según la leyenda, el valiente soldado romano Silvio Brabo dio muerte al gigante Antigoon, quien exigía un peaje excesivo por cada barco que navegaba por el Escalda. Por este motivo el romano lanzó la mano de aquel al río. Así la mano está presente en el escudo de la ciudad.

▮ CASTILLO DE STEEN

Junto al río Escalda avistamos el edificio más antiguo de Amberes, el Castillo de Steen. Fue construido como sistema de defensa entorno a 1200, aunque con el paso del tiempo y durante casi cinco siglos, fue prisión. Steen fue el hogar durante muchos años del Museo Nacional de la Marina y en 2008 la colección fue trasladada al Museo aan de Stroom (MAS). En la actualidad este edificio legendario es un punto de información y diversión para niños y mayores.

🕐 B2
✉ Steenplein 1
🔗 https://visit.antwerpen.be/het-steen

▼ Grote Markt, presidida por el Ayuntamiento y la fuente de Brabo.

▮ IGLESIA DE SAN CARLOS BORROMEO ★★

Cumbre del barroco del siglo XVII, además de ser por excelencia la iglesia de Rubens en los Países Bajos. Él se encargó del diseño de la decoración escultórica y 43 pinturas del interior son suyas. En 1718 un incendió destruyó 39 de ellas.

🕐 B2
✉ Hendrik Conscienceplein, 6
🔗 https://mkantwerpen.be

▮ MUSEO PLANTINO-MORETUS ★★★

Ubicado en la vivienda e imprenta de Cristóbal Plantino, una mansión del siglo XVI. Alberga una imprenta totalmente equipada. Sus prensas son las más antiguas del mundo. En 2005 fue declarado por la Unesco Patrimonio de la Humanidad, distinción hecha por primera y última vez a un museo.

🕐 B2
✉ Vrijdagmarkt, 22
🕐 De martes a domingo de 10 h a 17 h
🔗 museumplantinmoretus.be
💶 12 €

▮ CALLEJÓN VLAEYKENSGANG ★★

Una vez se cruza el umbral de la puerta de la Oude Koornmarkt, 16, se tiene la sensación de haber aterrizado en el siglo XVI. Este callejón en su momento fue dominio de los zapateros. Un antiguo censo de

🕐 B2
✉ Oude Koornmarkt 16

▼ Castillo de Steen.

El barrio de la moda

Distancia
1 km

Tiempo
3 horas con paradas

Punto de partida
Iglesia de Sint-Andreies-kerk/ San Andrés

Punto de llegada
Nationalstraat

Iglesia de San Andrés
✉ Waaistraat, 5
☎ www.mkaweb.be

Museo de la Moda
✉ Nationalstraat, 28
🕐 De 10 h a 18 h, excepto lunes
☎ www.momu.be

Het Modepaleis
✉ Nationalstraat, 16
☎ www.driesvannoten.be

❚ En la moda europea, la fama mundial de Amberes surgió en el año 1987 cuando seis diseñadores locales hicieron una exposición en Londres donde la crítica y el público se maravillaron de sus creaciones.

Eran los **Seis de Amberes.** Sus creaciones gustaron, despertaron interés en sus trabajos y se acercaron hasta aquí para ver el proceso en directo. En este barrio nacen las tendencias que lanzan al resto del mundo y por donde pasear está de "moda".

❚ El punto de partida es la **iglesia de San Andrés/Sint-Andreieskerk,** que durante un tiempo era conocida como la "parroquia de la Miseria" y son pocos los turistas que la visitan. Como dato curioso señalar que aquí fue bautizado el escritor flamenco Hendrik Conscience, "el que enseñó a su pueblo a leer".

Desde este punto se toma la Nationalestraat, una de esas avenidas donde se mezcla la moda vintage y la alta costura, y se llega al **Museo de la Moda/ModeMuseum/MoMu,** ubicado en un edificio singular de la Nationalestraat, en el corazón del distrito de la moda de Amberes.

❚ El edificio llamado **ModeNatie** data del siglo XIX y se convirtió en una gran tienda de ropa de diseño inglés, para hombres y niños. Después de una renovación es el nuevo rostro del barrio. Un espacio con 25.000 piezas de ropa y complementos. Se realizan dos exposiciones temporales al año.

En paralelo está **Kammenstraat,** para los amantes de las compras de ropa y complementos. Durante el paseo se percibe que es una zona en constante cambio, muy dinámica, donde las tendencias se suceden cada día.

❚ Hay que visitar la tienda del diseñador Dries van Noten, **Het Modepaleis** en el 16 de Nationalstraat, una joya arquitectónica de estilo art déco con escaparates donde exhibir los estampados del diseñador belga.

1755 registró a 42 habitantes, de "baja estofa", en este lugar de la ciudad. Hoy pasa por ser uno de los callejones más hermosos del mundo.

I TORRE BOERENTOREN ✱

En la esquina de Schoenmarkt con Eirmarkt, hace las veces de límite entre el centro histórico y el barrio de Meir. Se trata del primer rascacielos de Europa, construido en el año 1932. No se puede visitar.

BARRIO DE MEIR Y WILDE ZEE

Una zona comercial custodiada por edificios históricos, en uno de ellos vivió Rubens, el pintor de Amberes más reconocido internacionalmente. Un lugar, este barrio, que combina arte y compras.

I CASA DE PEDRO PABLO RUBENS ✱✱

En este lugar el pintor pasó 25 años junto a su familia y realizó gran parte de su obra. La casa cuenta con un jardín renacentista. Las pinturas del artista están repartidas por museos e iglesias de la ciudad, además de en su casa.

I PALACIO DEL MEIR ✱✱

Un edificio que rezuma historia. Fue propiedad de Napoleón, del rey Guillermo I de los Países Bajos y de la casa real belga. Cada uno de estos inquilinos dejó su impronta en el interior del palacio. Su fachada, la que da a la calle Meir, es una de las pocas muestras que quedan del estilo arquitectónico puro del siglo XVIII en Amberes. Esta amplia avenida es la más animada y comercial del centro.

¿Sabías que...?

La bandera olímpica ondeó por primera vez en los Juegos Olímpicos de Amberes en 1920. Ron Wood, de los Rolling Stones, convidó por su cumpleaños a sus invitados a una raya de dulce de chocolate. Dominique Persoone diseñó para la ocasión el Chocolate Shooter, una mezcla de cacao, jengibre y menta. Se puede visitar **The Chocolate Line,** la tienda de este "Shock-o-latero" en el Paleis op de Meir.

···········

✉ Wapper, 9-11
🕐 Cerrada por renovación; reapertura prevista para 2030
🌐 www.rubenshuis.be

···········

🕐 B3
✉ Meir 50
🌐 www.herita.be/monumenten/paleis-op-de-meir

▼ Avenida Meir.

▲ Estación Central
de Amberes.

❚ WILDE ZEE ******

Entramado laberíntico de callejuelas comerciales que lindan con el barrio del Teatro, con el de San Andrés y con el centro histórico. El nombre de Wilde Zee –Mar Bravo– hace referencia al hecho de que antiguamente confluían en este punto diferentes canales subterráneos, lo que causaba fuertes corrientes.

❚ Escapadas desde Amberes

✓ **Parque transfronterizo De Zoom-Kalmthoutse Heide**. Un parque natural con diferentes paisajes
✓ **Pólders en el Escalda:** Doel y Verdronken land van Seftinghe.
✓ **Lier y la Pallieterland.**

❚ GALERÍAS STADSFFEESTZAAL *****

Un lugar para comprar en un entorno exquisito. En este punto se unen las calles Meir y Hopland, el límite con el barrio del Teatro. Además de comprar, se puede comer y tomar un café.

BARRIO DEL TEATRO

Su nombre se debe al gran número de teatros que alberga. Cuando se baja el telón, concentra toda la creatividad de los directores y actores en las barras de los bares. Un barrio donde también hay espacio para las antigüedades, el interiorismo y los museos.

⊙ C3
✉ Kamedieplaats 18

❚ TEATRO BOURLA *****

Edificio neoclásico, que abrió sus puertas en 1834. Ostenta el nombre de su creador, Pierre Bourla. Si no hay obra de teatro, siempre es posible subir a su café y contemplar las pinturas del techo.

❚ JARDÍN BOTÁNICO *****

Un remanso de tranquilidad de color verde, en Leopolsatraat, 24. Antiguamente era el jardín de plantas medicinales del cercano Hospital de Santa Isabel. Su colección actual comprende 2.000 especies.

▌ LA CASA DE LAS VÍRGENES
Y MUSEO MAYER VAN DEN BERGH ✶✶

La Casa de las Vírgenes/ Maagdenhuis, en el siglo XVI fue un orfanato femenino y hoy exhibe una colección de pinturas de los siglos XV al XVII, entre las que destacan las realizadas por Rubens, Van Dyck y Jordaens. En el Museo Mayer van den Bergh se expone la colección privada de Fritz Mayer. Entre tanto lienzo destaca uno de Pieter Brueghel el Viejo, *La loca Rita* de 1562.

LA ESTACIÓN CENTRAL

▌ CENTRAL STATION ✶✶

De una antigua cabaña y cuatro andenes en 1836 a una catedral ferroviaria en 2014. El edificio es de piedra y ecléctico. Cuenta con 14 andenes, distribuidos en tres niveles parcialmente subterráneos. La grandiosa cubierta de acero mide 43 m de alto, 186 m de largo y 66 m de ancho.

▌ BARRIO DE LOS DIAMANTES (▶30) ✶✶✶

▌ ZOO ✶✶

Este zoológico es uno de los más vetustos del mundo, pues data del año 1843. Parte de su encanto radica en sus pabellones históricos.

El zoo desempeña un papel precursor en materia de conservación de la naturaleza, con un centro destinado a la investigación del mundo animal. En las instalaciones hay más de 5.000 animales. Además, es un lugar inspirador para muchos de los artistas que viven en la ciudad, como Jan Fabre.

ET ZUID/ BARRIO SUR

▌ ET ZUID ✶

Un barrio burgués de amplios paseos, casas señoriales y recoletas plazas, que con el tiempo perdió lustre. La recuperación llegó de la mano de las jóvenes familias y artistas que empezaron a habitarlo y renovando los espacios abandonados. Con la apertura de varios museos el barrio se ha convertido en un lugar de peregrinaje para los amantes del arte.

▌ FOMU/ FOTOMUSEUM ✶✶

Museo de Fotografía en el que se exhibe lo mejor de esta disciplina en un antiguo almacén en la Waalsekaai. En sus salas hay 40.000 fotografías impresas, 15.000 negativos, 8.000 cámaras y 100.000 visitantes anuales.

Maagdenhuis
🕐 C2
✉ Lange Gasthuisstraat 33

Museum Mayer Van Den Bergh
🕐 C2
✉ Lange Gasthuisstraat 19
🕐 De martes a domingo de 10 h a 17 h
🌐 museummayervandenbergh.be
💰 10 €

🕐 C4
✉ Koning Astridplein, 26
🕐 Todos los días de 10 h a 17.30 h
🌐 www.zooantwerpen.be
💰 32,50 €; en invierno 27,50 €

🕐 D1
✉ Waalsekaai, 47
🕐 De martes a domingo de 10 h a 18 h
🌐 https://fomu.be
💰 12 €

•••••••••
- 🅓 D1
- 🕐 De martes a domingo de 11 a 18 h.
- 🔗 www.muhka.be
- 🎟 14 €

•••••••••
Museum aan de Stroom
- 🅓 A2 (f.p.)
- ✉ Hanzestedenplaats 1
- 🕐 De martes a domingo de 10 h a 17 h
- 🔗 https://mas.be
- 🎟 10 €

Red Star Line Museum
- 🅓 A2 (f.p.)
- ✉ Montevideostraat 3
- 🕐 De martes a domingo de 10 h a 17 h
- 🔗 https://redstarline.be
- 🎟 10 €

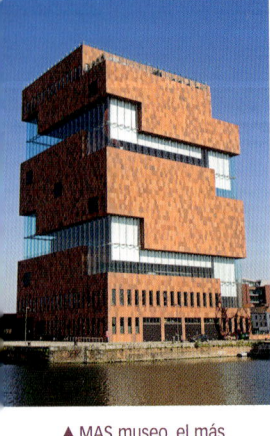

▲ MAS museo, el más grande de la ciudad. Moderna arquitectura y cafés de diseño en el Puerto de Amberes.

❙ MUSEO DE ARTE CONTEMPORÁNEO ✶✶

El M HKA, tiene su sede en un antiguo almacén de grano. Ha adquirido fama internacional por la colección y exposición de arte contemporáneo.

❙ PALACIO DE JUSTICIA ✶✶

Un edificio que aúna los servicios judiciales en un mismo espacio. Se trata del nuevo icono del horizonte amberino. Está construido con acero y cristal. Tiene dos motes: el "palacio mariposa" y los "cucuruchos de patatas fritas", por sus puntas inclinadas.

EILANDJE Y EL BARRIO DE LOS MARINEROS

Amberes es una ciudad donde el agua es capital porque ella le ha acercado al mundo. Eilandje es el más antiguo puerto amberino y hoy revive al rebufo de todo lo que le rodea: museos, cafés, restaurantes y muchas más actividades. La **plaza de Sint-Paulusplaats** es el núcleo del barrio y su joya es la **iglesia de San Pablo.** Se trata de un antiguo convento dominico de 1571. En su interior alberga obras de Jordaens, Rubens, Teniers y Van Dyck.

El barrio de los Marineros es un lugar donde la actividad es la misma que la de antes, pero con gusto y diseño. Los escaparates tras los que se puede ver a las trabajadoras del sexo se concentran en las calles: Verversui, Schippersstraat y Vingerlingstraat.

Para conocer los cambios que experimenta la ciudad es una opción visitar el **Archivo Municipal,** ubicado en el antiguo almacén de San Félix.

❙ MUSEO MAS/ MUSEO RED STAR LINE ✶✶✶

Desde hace unos años han cobrado fuerza los **museos MAS/Museum aan de Stroom** y el **Museo Red Star Line,** la compañía naviera que fletaba los barcos que unían la vieja Europa con Estados Unidos. Entre 1873 y 1935, unos 2,6 millones de personas se embarcaron en los transatlánticos de vapor de la Red Star Line, que atracaban cerca del muelle Rijnkaai.

CONINCKPLEIN

❙ BARRIO CHINO ✶

Un barrio rescatado y de muchas procedencias, como se ve en sus tiendas y restaurantes. Además del barrio chino, en la calle de Coninckplein se encuentra la comunidad africana y en el barrio de Handelstraat la marroquí. En los alrededores de Sint-Jansplein se concentra la comunidad portuguesa.

Malinas (Mechelen, Malines)

Pequeña, elegante y cordial. Así es esta ciudad, cuya vida gira en torno a su Plaza Mayor. La estatua de Margarita de Austria (1480-1530) evoca el periodo de los duques de Borgoña, cuando Malinas era la capital de los Países Bajos.

I MUSEO DEL JUGUETE ✱
En este museo, además de contemplar la mayor colección de juguetes de Europa, se puede jugar con ellos.

Los hay de todo tipo, tradicionales y contemporáneos, y no solo está pensado para los más pequeños, los padres también se divierten recordando su niñez.

I PASEO A ORILLAS DEL RÍO DYLE ✱
Caminar junto al Dyle o Dijle, el río que recorre Malinas, es una alternativa a la visita a la ciudad. Este río cruza el centro histórico, al separarse en dos brazos, la ciudad se asienta entre ambos.

El paseo habilitado a orillas del mismo se extiende entre Haverwerf y Kruidtuin, junto al Jardín Botánico. Otra opción es navegarlo a bordo de un barco.

I AYUNTAMIENTO/ STADHUIS ✱✱
En la Plaza Mayor (Grote Markt), el edificio más notable de todos es el del Ayuntamiento. Está ubicado en el antiguo Salón de los Tejidos del siglo XIV.

I TALLER DE WIT ✱
Una muestra de su fama internacional en el arte de la confección de tapices. Fundado como Fábrica Real en el año 1889, en él se puede ver el proceso de confección de tapices. Todavía hoy sigue tejiendo y restaurando antiguos tapices. Se visita el domingo por la mañana.

I CATEDRAL DE SINT ROMBOUT ✱✱✱
En la Catedral de San Romualdo, impresiona su torre de 97 m de altura, desde la cual se domina toda la ciudad. En ella se encuentran sus dos famosos carillones con 49 campanas.

Para alcanzar la cima de esta bella torre hay que subir más de 500 escalones. Las vistas merecen la pena. Está declarada Patrimonio de la Humanidad por la Unesco.

I Cómo llegar
Desde el aeropuerto de Bruselas se puede viajar en tren hasta Malinas. El trayecto dura alrededor de 25 minutos. Más información en www.belgianrail. be

✉ Nekkerspoelstraat 21
🌐 www.speelgoedmuseum.be
🕐 Todos los días de la semana de 10 h a 17 h
💶 12,50 €

ℹ Los barcos zarpan entre marzo y noviembre, de 13.30 h a 17.30 h, todos los días
💶 Alrededor de 10 €

ℹ Se puede visitar en un recorrido guiado. La duración es de una hora y media
🕐 Todos los sábados a las 1.30 h
🌐 www.dewit.be
💶 12 €

🕐 Onder-Den-Toren 12

▲ Vista de Malinas, con la catedral en primer término.

BEATERIO GRANDE ★★

Malinas tiene dos beaterios, el Pequeño y el Grande. El beaterio era un conjunto de casas donde se alojaban mujeres devotas, al margen de los conventos. Se dedicaban a la caridad y a los trabajos manuales. Los beaterios de Malinas son actualmente casas particulares. El Grande está declarado Patrimonio de la Humanidad por la UNESCO.

✉ Sint-Katelijnestraat, 22
🕐 De miércoles a sábado de 13.30 h a 17 h
📞 www.vliegendpeert.be
🎟 5 €

HET ZOTTE KUNSTKABINET ★★

Un edificio histórico que alberga una colección de la pintura disparatada, loca. La temática de los cuadros que cuelgan en sus salas inspiraron el nombre de este particular museo. Pinturas entre el siglo XVI y XVII donde las criaturas monstruosas y los personajes extraños son los protagonistas. Hay pinturas de Hieronimus Bosch, de Brueghel o Brouwer, entre otros artistas.

✉ Minderbroedersgang, 5
📞 cultuurcentrummechelen. be

CULTURUUR CENTRUM ★★

Espacio dedicado al arte y las tendencias culturales actuales. De manera paralela se organizan exposiciones, ciclos, festivales y conferencias.

✉ Goswin de Stassartstraat, 153
📞 www.kazernedossin.eu
🕐 Excepto miércoles, de 9 h a 17 h
🎟 12 €

KAZERNE DOSSIN ★★

Museo dedicado al Holocausto y a los Derechos Humanos. Se encuentra en el lugar donde se retenía a judíos y gitanos durante la II Guerra Mundial antes de ser deportados a los campos de concentración de Auschwitz-Birkenau.

I Lovaina
(Leuven, Louvain)

Ciudad universitaria por excelencia, casi la mitad de su población son estudiantes. Su Universidad, de 1425, es la más antigua de Flandes. En ella estudió Erasmo de Róterdam. Los jóvenes de hoy se reúnen en la Oude Markt, una plaza que se considera "el bar más grande del mundo" (por la cantidad de terrazas que alberga y que al unirse forman una larguísima barra), donde se consumen las cervezas locales *Domus* y *Stella*. La arquitectura medieval y barroca impera en todos los edificios.

I Cómo llegar
Desde el aeropuerto de Bruselas hay un tren hasta Lovaina. El trayecto dura unos 20 minutos. Más información en www.belgianrail.be

▼ La Grand Place en Lovaina, con el edificio del Ayuntamiento.

I AYUNTAMIENTO/ STADHUIS ★★★
Se trata de una construcción gótica brabantina donde 236 estatuas decoran sus nichos. Su construcción comenzo en el siglo XV pero las estatuas se colocaron en 1850, gracias a la mediación de Víctor Hugo, quien convenció a las autoridades municipales para situarlas en aquellos nichos vacíos. Esas figuras se corresponden con santos, artistas, eruditos y personajes célebres.

I IGLESIA DE SAN PEDRO ★★
Esta construcción del siglo XV se concibió para que alcanzara una altura de 170 m, pero la torre que la corona se quedó en 50. Después de un derrumbamiento se tuvo que volver a construir. Es una iglesia gótica en cuyo interior cuelga *La última cena* de Dirk Bouts. Su campanario está declarado Patrimonio de

I Louvain-la-Neuve

Esta moderna ciudad está a 32 km al sureste de Bruselas. Lo más interesante es el moderno edificio del **Musée Hergé** (horario, a diario de 10.30 h a 17.30 h, fines de semana de 10.30 h a 18 h; entrada 12 €; www.museeherge.com), situado el número 26 de rue Labrador, para documentar la larga y prolífica obra del dibujante Hergé, creador de Tintín.

▲ La arquitectura medieval de la Oude Markt sirve de marco a los numerosos restaurantes y bares.

la Humanidad. Los hijos de Mercator, matemático y cartógrafo flamenco, fueron bautizados aquí.

❙ OUDE MARKT ✱✱✱

La **Oude Markt** o "la barra más larga del mundo" es uno de los lugares emblemáticos con una enorme sucesión de establecimientos hosteleros que proporcionan animación a cualquier hora. Los estudiantes universitarios ocupan un gran número de calles y plazas.

❙ UNIVERSIDAD DE LOVAINA ✱✱✱

La más antigua de las universidades católicas del mundo se fundó en 1425. Por sus aulas han pasado ilustres personajes, como Erasmo. En el recinto destaca la **biblioteca,** un edificio ecléctico que guarda más de tres millones de volúmenes.

Durante la Primera Guerra Mundial el ejército alemán prendió fuego al edificio y ardieron en las llamas 900.000 libros históricos.

En los años 20 del siglo pasado con ayuda de los Estados Unidos se levantó un nuevo edificio de estilo renacentista flamenco en la Mgr. Ladeuxeplein. Como dato anecdótico, en ella se guarda solamente una parte de los fondos de la antigua biblioteca universitaria, puesto que en los años 60, cuando la universidad se dividió en dos por conflictos entre las dos comunidades lingüísticas –francófona y flamenca–, la otra parte se instaló en la nueva universidad de la ciudad Lovaine-la-Neuve.

▮ JARDÍN BOTÁNICO (KRUIDTUIN)   **

Es el más antiguo de Bélgica. La universidad abrió sus puertas para los estudiantes de medicina en 1738. El edificio es de estilo neoclásico. El invernadero de naranjos y el pintoresco plano subterráneo todavía son de aquella época. Cuenta con 792 tipos de plantas catalogados en su jardín. Entre sus instalaciones destacan un invernadero tropical, un jardín acuático y frutal y el jardín sumergido.

✉ Kapucijnenvoer 30
🕐 De mayo a septiembre de 8 h a 20 h, domingos desde las 9 h y de octubre a abril, de 8 h a 17 h, domingos desde las 9 h
🎫 Gratuito

▮ M-MUSEUM LEUVEN   *

Contiene obras de la Edad Media y Contemporánea. Además de la exposición permanente se suman temporales de gran interés.

El edificio fue diseñado por el arquitecto belga Stéphane Beel. El diseño que concibió une dos edificios antiguos con dos nuevos para convertirlos en una unidad sobria y equilibrada.

✉ Leopold Vanderkelenstraat 28
🕐 De 11 h a 18 h, jueves hasta las 22 h, cierra miércoles
🌐 www.mleuven.be
🎫 12 €

▮ FÁBRICA DE INBEV   *

La marca **Stella Artois** capitanea la tradición cervecera de Lovaina y un buen lugar para catarla es la **fábrica de InBev**. Es la mayor fábrica de cerveza del mundo ya que desde 2015 Anheuser-Busch InBev anunció la adquisición de la empresa cervecera SABMiller, convirtiéndose en la empresa más grande de la industria de la cerveza. Se puede visitar para descubrir algunos secretos de su proceso de elaboración ya que ofrece visitas de mayo a octubre. Si se quiere probar la cerveza artesanal que viaja directamente de la fábrica al surtidor del bar, la mejor opción es visitar **Domus**.

✉ Aarschotsesteenweg 20
🌐 www.breweryvisits.com/en/ reservation; es obligatorio reservar previamente en la web
🎫 14 € (incluye cata)

▼ Fábrica de cerveza de Stella Artois

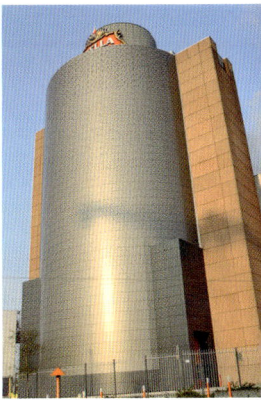

▮ GROOT BEGIJNHOF (▶31)   ***

Apartado del centro, ocupa la ribera del río Dijle, al sur de la ciudad. Fue fundado por la orden de las beguinas en 1232, en la época de las Cruzadas. La mayoría de estas mujeres provenían de familias adineradas, que contribuyeron a la construcción de magníficos conventos o pequeñas ciudades amuralladas.

El Begijnhof de Lovaina es uno de los más bonitos de Bélgica y se mantiene en un excelente estado de conservación y se usa como residencia universitaria.

▍Gante (Gent, Gand)

Es una ciudad acogedora y a escala humana. Una urbe joven, pero con una rica historia. Los estudiantes que la ocupan le regalan un aire fresco y un carácter activo. Su perfil medieval no contradice su apuesta por la modernidad, respetando esa personalidad rebelde, tozuda y orgullosa que describe a sus habitantes denominados "Stroppendragers" (los que llevan la soga al cuello).

Oficina de turismo
- A3
- Oude Vismijn
  Sint-Veerleplein 5
- 032 926 65 660
- www.visit.gent.be

Gent, como dicen los locales, es lo más parecido a pasear por un cuento de hadas. Las fachadas de los edificios simulan porciones de tarta de diferentes colores y uno espera cruzarse con algún paje portando los pertrechos de un caballero o una dama que regresa a sus aposentos en un castillo.

El secreto de Gante, quizá, sea que es una tentación. Si el sentido de la vista disfruta, el gusto sucumbe. El dulce, suave en su definición, pero convincente en su atracción, deleita en forma de *poepkes, muilkes, cuberdons* (por su forma se conocen como "nariz"), pralinés y *wafles en pannekoeken* (gofres), entre otras formas elaboradas a base de azúcar.

▍Cómo llegar
Desde el aeropuerto de Bruselas se puede viajar en tren hasta Gante. El trayecto dura alrededor de 36 minutos. Más información en www.belgian-rail.be

∎ PUENTE DE SAN MIGUEL ★★★

En los alrededores del puente de San Miguel/ St-Michielsbrug y a orillas del río Lys se encuentran los vetustos edificios que configuran la postal de Gante. Es aquí donde nos viene a la mente esa época en la que Carlos I dominaba el mundo a la vez que imponía respeto a la fuerza en la ciudad en que nació, pero que el pueblo no quiso. El monarca que no hablaba flamenco obligó a los ganteses rebeldes, por su desobediencia, a ataviarse con una camisa y con una soga alrededor del cuello, de ahí el término "Stroppendragers".

En la actualidad y, aprovechando cualquier fecha festiva, los descendientes de aquellos díscolos habitantes se visten para la ocasión con camisas y sogas al cuello como muestra de identidad.

∎ LÍNEA DE LAS TRES TORRES ★★★

Caminando por la **orilla Korenlei** se disfruta de una vista estratégica y preciosa. Se asciende por una escalera al puente de San Miguel, custodiado por la iglesia del mismo nombre y se presenta justo en frente el icono de la ciudad: la línea de las tres torres. Se trata de la **iglesia de San Nicolás/ Sint Niklaaskerk,** el **campanario municipal/ Belfort** y la **catedral de San Bavón (Sint Baafs).**

▼ El muelle de Graslei junto al río Lys.

GANTE

1 **2**

's-Gravensteen

St-Elizabeth
St-Elizabeth-Plein

Palais St-V
Wenemaer -Pl
Oude
Begijnen-Gracht **Burg-Straat** Design Groot
Museum Gent Vleesh

Noord Brugse-Str.

Poort-Str.

Nieuwe-Wandelin

Coupure-Linnks

H o o g - S t r .

Peper-Str.

Poel-Drab.-Str. Hoo

Koren-Lei

Gras-Lei

A

St-Michiels-Str.

St-Michi
Hellin

Theresianen-Str.

Ekkergem-Straat

Hol-Straat

Oude-Hout-Lei

St-Michiels-Plein
St-Michiels
St-Michiels

Casino-Plein

Zwarte-Zusters-Str.

Pa
Ste

Pal. Schamp

B

Papegaai-Str.

Rozemarijn-Str.

Bern.-Spae-Laan

Annonciaden-Str.

Geb.-Vandevelde-Str.

Koophandel-Plein

Recolletten-Lei

Duin-

Lei

C

Gerech-hof

M a r t e l a a r s - L a a n

Bijloke-Vest

C o u p u r e - R e c h t s

C o u p u r e - R e c h t s

C o u p u r e - L i n n k s

Iepen-Straat

Linden-Lei

C

Jubileum-Laan

Offer-Laan

Bijloke-hof

Prof.-Jozef-Kluyskens-Str.

STAM
Stadsmuseum

Godshuizen-Laan

Groot-Brittannië-Laan

Neermeers-Kaai

Museum-Bijloke

Bijloke-Kaai

Leie

Gorduna-Kaai

Ijzer-Laan

Kortrijkse-P

Koning-Albert-Laan

Henley-Kaai

Charles-de-Ka

Sport-Straat

Eedverbond-Kaai

Delvaux-Str.

D

Patijntje-Straat

Meers-Straat

Kortrijkse-Steenweg

1 **2**

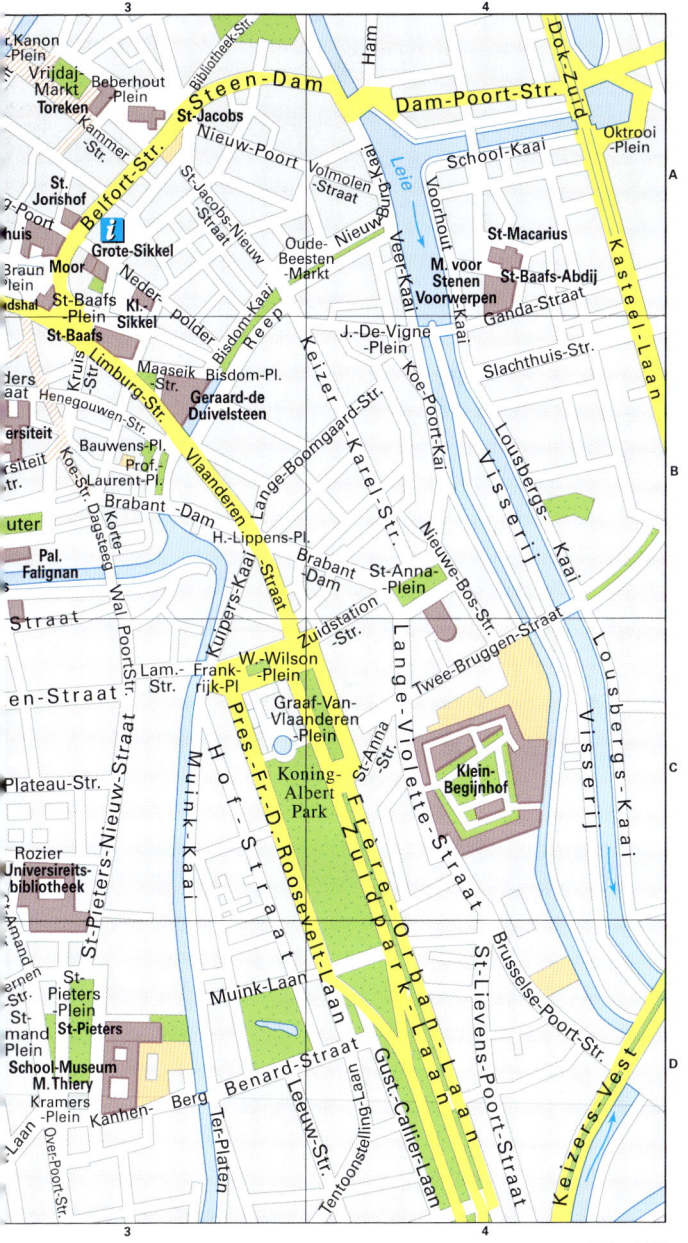

En el interior de esta última se halla el políptico, en restauración hasta 2026, *La adoración del Cordero Místico* de los hermanos Van Eyck.

▌MUELLE DE GRASLEI　　　　　　　★★★

🕐 A2

Puerto medieval flanqueado por una singular hilera de edificios históricos. Hoy constituye el punto de encuentro y el corazón que palpita en el centro de la ciudad.

▌CASTILLO DE LOS CONDES　　　　★★★

🕐 A2
🕐 De 10 h a 18 h
📱 https://historischehuizen.stad.gent/nl/gravensteen
🎫 13 €

No es un lugar muy acogedor: salas frías y gélidos calabozos, torres con escaleras estrechas y sin fin, pero desde aquí se puede disfrutar de una gran panorámica de Gante.

▌CASTILLO DE GERARDO EL DIABLO　★★

📍 A3
✉ Geraard de Duivelstraat 1

Esta construcción oscura y siniestra primero fue una cárcel, después un convento, orfanato, asilo de enfermos mentales e incluso una estación de bomberos. En la actualidad el Duivelsteen aloja el Archivo del Estado.

▌PABELLÓN MUNICIPAL STADSHAL　　★

Entre ese horizonte de torres románicas y góticas se ha colado este edificio de trazado novedoso.

Un diseño que es realmente difícil decir qué es y para qué sirve, pero que se usa para conciertos y otros espectáculos y dota de personalidad a la dinámica Gante.

▌BARRIO MEDIEVAL DE PATERSHOL　★★

El Patershol, conocido como barrio de los tejedores de Gante, es el corazón medieval de la ciudad. Es

▼ Castillo de los Condes.

uno de los barrios más pintorescos de la ciudad. Sigue manteniendo el encanto particular del siglo XVII; la arquitectura tradicional de sus casas, las callejuelas estrechas y adoquinadas y un ambiente bohemio que se respira por todas partes.

Es uno de los rincones ideales para almorzar o cenar en uno de los restaurantes que se han establecido en sus callejones medievales. Desde cocina japonesa, tailandesa o la tradicional flamenca, se encuentran en este lugar.

I STADSMUSEUM GENT/ STAM ★★
El Museo de la Ciudad es una nueva puerta de entrada a Gante. El conjunto comprende una abadía del siglo XIV, un convento del siglo XVII con enfermería, un edificio de entrada del XX y nuevas construcciones del XXI que narran en forma de miscelánea y a través de atractivos recursos multimedia, el desarrollo y devenir de la ciudad.

- C2
- Godshuizenlaan 2
- De 9 h a 19 h, fines de semana de 10 h a 18 h, cierra miércoles
- www.stamgent.be
- 11 €

I MUSEO DE BELLAS ARTES/ MSK ★★
El Museum voor Schone Kunsten alberga en su interior una gran diversidad de colecciones pictóricas de arte flamenco, además de otras escuelas europeas. Desde Rogier van der Weyden y el Bosco hasta James Ensor, van Rysselberghe y Magritte, pasando por Rubens y van Dyck. En el año 2011 fue proclamado el museo más respetuoso con los niños de Flandes.

- D3 (f.p.)
- Citadelpark
- De martes a viernes de 9.30 h a 17.30 h, fines de semana de 10 h a 18 h, cierra lunes
- www.mskgent.be
- 10 €

I MUSEO DE ARTE CONTEMPORÁNEO/ SMAK ★
El Stedelik Museum voor Actuele Kunst está situado como el anterior en la Citadelpark, el mayor parque público de la ciudad. La colección comienza a partir del arte posterior a la Segunda Guerra Mundial y comprende artistas internacionales de la talla de Francis Bacon y Warhol.

- D3 (f.p.)
- Citadelpark
- De martes a domingo de 9.30 h a 17.30 h, fines de semana de 10 h a 18 h
- https://smak.be
- 15 €

I MUSEO DE ARQUEOLOGÍA INDUSTRIAL Y TEXTIL/ MIAT ★
Hasta después de la Segunda Guerra Mundial Gante fue un importante centro industrial textil. El museo ocupa una antigua hilandería de algodón, desde cuyo último piso se obtiene una agradable vista de la ciudad.

- A3 (f.p.)
- Minnemeers 9
- De 9 h a 17 h, fines de semana de 10 h a 18 h, cierra miércoles
- www.industriemuseum.be
- 9 €

I DESIGN MUSEUM GENT ★
Un viaje en el tiempo a través del diseño. Las salas de este museo recogen muebles de los siglos XVIII y XIX. El ala moderna exhibe muebles y objetos de la primera mitad del XX y diseños contemporáneos.

- A2
- Jam Breydelstraat 5
- De 9.30 h a 17.30 h
- designmuseumgent.be
- 6 €

Cómo llegar

Desde el aeropuerto de Bruselas se puede viajar en tren hasta Brujas. El trayecto dura 1 hora y 20 minutos con un trasbordo. Más información en www. belgianrail.be

---

Turismo de Brujas
📞 www.visitbruges.be

🔘 C2

Brujas (Brugge, Bruges)

En el pasado produjo el mejor paño de Europa y su gran actividad comercial sirvió para crear los orígenes de la Bolsa actual. Con la apertura del puerto del río Escalda el comercio se trasladó a Amberes y Brujas se quedó al margen de la industrialización. En el siglo xx se abrió un canal que comunica la ciudad con el mar.

Hoy es una ciudad tan bonita como masificada. No hay que dejar de disfrutar sus canales serpenteantes que recorren su estructura medieval. Lo mejor es hacerlo a última hora del día, cuando las hordas de visitantes abandonan la coqueta Brujas. La ciudad se puede visitar a pie y también en barca, navegando por sus canales medievales (▶28).

MARKT (PLAZA MAYOR)   ★★★

Es el corazón de la ciudad, la plaza principal y punto de partida de muchos turistas que visitan Brujas. Sentado en esta plaza, coronada por el **monumento a Jan de Breydel y Pieter de Coninck,**

en honor a los cabecillas de la revuelta popular contra los franceses en 1302, uno puede ver pasar a medio Brujas y a medio mundo, ya que las nacionalidades de los turistas son dispares. Alrededor de la plaza se levantan diferentes edificios antiguos de la época medieval, pero que han sido ampliamente restaurados en el siglo pasado. Entre ellos destaca en el número 16 el **edificio Craenenburg,** donde los burgueses mantuvieron prisionero a Maximiliano de Austria a finales del siglo xv, como venganza por el intento de Maximiliano de restringir sus poderes e influencias.

El **Hallen,** antiguo mercado de tejidos, es sin duda alguna la construcción más visitada del Markt. Presidido por el **Belfort,** un campanario del siglo xiii de 83 m de altura, el Hallen que data del mismo periodo y que antaño fue marco del ir y venir de los mercaderes más poderosos, es hoy sede de excelentes exposiciones de arte. Su torre campanario, una de las más bonitas de Bélgica, se puede visitar y merece la pena subir hasta la cima de la misma para contemplar las vistas que hay del casco histórico.

Al otro lado de la plaza está el **Landhuis,** Palacio Provincial, un edificio neogótico que hoy alberga en sus bajos la sede principal de la Oficina de Correos.

Belfort
⏲ De 10 h a 18 h; abril-octubre, de 9 h a 20 h
🗔 15 €

◀ La plaza del Mercado (Markt) está bien protegida por el campanario del Hallen.

• • • • • • • • •

🕐 C2-3

Ayuntamiento

🕐 Todos los días de 9.30 h a 17 h

💶 8 €

• • • • • • • • •

🕐 C3

📧 Burg 13

🌐 www.holyblood.com

▌BURG Y STADHUIS   ✦✦✦

Desde la Markt, a través de la pequeña calle Breidelstraat, se llega a la segunda plaza principal de Brujas. Mucho más impresionante que el Markt, el Burg está presidido por el Ayuntamiento, obra maestra del gótico y quizás uno de los más bonitos del país. El interior está totalmente renovado. La sala más visitada es la llamada **sala gótica** (1402), con techo policromado y una interesante colección de mapas antiguos en los que se puede contemplar la evolución de la ciudad.

▌BASÍLICA DE LA SANTA SANGRE   ✦✦✦

En el Burg, apretada en una esquina, está la famosa Basílica de la Santa Sangre, **Heiligbloed-Basiliek.** Aquí se guarda celosamente una de las más famosas reliquias de los católicos: gotas de la sangre de Cristo, traídas de las Cruzadas en el año 1150. Los belgas veneran esta reliquia con fervor y la sacan en procesión cada año, el día de la Ascensión.

En la plaza se encuentra el no menos impresionante **Brugse Vrije,** antiguo Palacio de Justicia y centro administrativo medieval. Destaca su impresionante chimenea del siglo XVI, en mármol negro y alabastro.

▌PLAZA DE LOS CURTIDORES   ✦✦

Desde el Burg sale la pequeña calle **Blinde Ezelstraat** (calle del asno ciego), que desemboca a su izquierda en el **Vismarkt** (antiguo mercado de pescado). Se puede pasear a orillas del canal por esta zona, muy bonita, como sacada de un cuadro.

▼ Detalle de la entrada a la basílica románica de la Santa Sangre.

▲ El Hospital de San Juan desde Mariastraat.

A lo largo de las calles Steenhouverdijk y Groenerei se pueden ver los bellos puentes. Por el contrario, si giramos a la derecha al final de Blinde Ezelstraat, llegamos a la **Huidenvettersplein** (la plaza de los curtidores). Desde aquí salen los barcos que recorren los canales, durante media hora aproximadamente. En verano las colas son interminables.

I IGLESIA DE NUESTRA SEÑORA ***

En frente del Hospital de San Juan se encuentra la entrada a la impresionante iglesia de Nuestra Señora, **Onze Lieve Vrouwkerk.** El mayor reclamo de esta iglesia es la estatua en mármol blanco de la *Madonna* de Miguel Ángel que preside su altar. La escultura fue donada por un adinerado mercader belga que se la compró al propio Miguel Ángel durante uno de sus viajes de negocios a Italia. Hoy es venerada por miles de fieles de todos los países. La iglesia data de los siglos XIII-XV.

D2
A diario de 10 h a 17 h excepto lunes

I CATEDRAL DE SAN SALVADOR **

Desde la iglesia se puede caminar a través de la Heilige Geeststraat hacia la catedral de San Salvador, **St. Salvatorskathedraal.** Es la iglesia parroquial

C2-3
Todos los días de 10 h a 13 h y de 14 h a 17.30 h
http://sintsalvator.be

BRUJAS

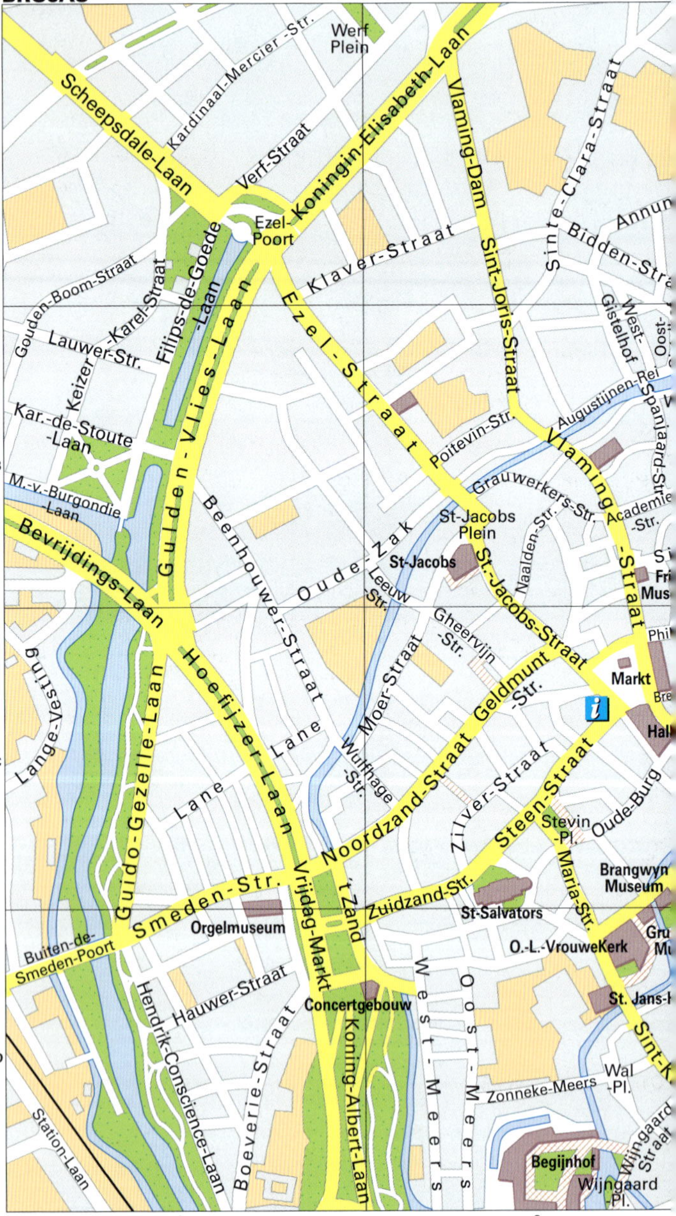

Scheepsdale-Laan
Kardinaal-Mercier-Str.
Werf Plein
Verf-Straat
Koningin-Elisabeth-Laan
Vlaming-Dam
Sinte-Clara-Straat
Annun
Bidden-Str
Ezel-Poort
Klaver-Straat
Gouden-Boom-Straat
Karel-Straat
Keizer
Lauwer-Str.
West-Gistelhof
Oost-
Sint-Joris-Straat
Ezel-Straat
Filips-de-Goede-Laan
Kar.-de-Stoute-Laan
Poitevin-Str.
Spanjaard-Str.
Augustijnen-Rei
M.-v.-Burgondie-Laan
Grauwerkers-Str.
Academie-Str.
Gulden-Vlies-Laan
Beenhouwer-Straat
Oude-Zak
St-Jacobs-Plein
St-Jacobs
Naalden-Str.
Bevrijdings-Laan
Leeuw-Str.
St-Jacobs-Straat
Langevesting
Sv
Fri
Mus
Gheervijn-Str.
Phi
Hoefijzer-Laan
Guido-Gezelle-Laan
Lane
Lane
Moer-Straat
Geldmunt-Str.
Markt
Wulfhage-Str.
Noordzand-Straat
Zilver-Straat
Steen-Straat
Hall
Smeden-Str.
Vrijdag-Markt
't Zand
Zuidzand-Str.
Stevin-Pl.
St-Maria-Str.
Oude-Burg
Brangwyn Museum
Buiten-de-Smeden-Poort
Orgelmuseum
Hauwer-Straat
St-Salvators
O.-L.-VrouweKerk
Gru Mu
Hendrik-Conscience-Laan
Boeverie-Straat
Concertgebouw
Koning-Albert-Laan
West-Meers
Oost-Meers
St. Jans-I
Station-Laan
Zonneke-Meers
Wal-Pl.
Begijnhof
Wijngaard-Pl.
Wijngaard Straat
Sint-K

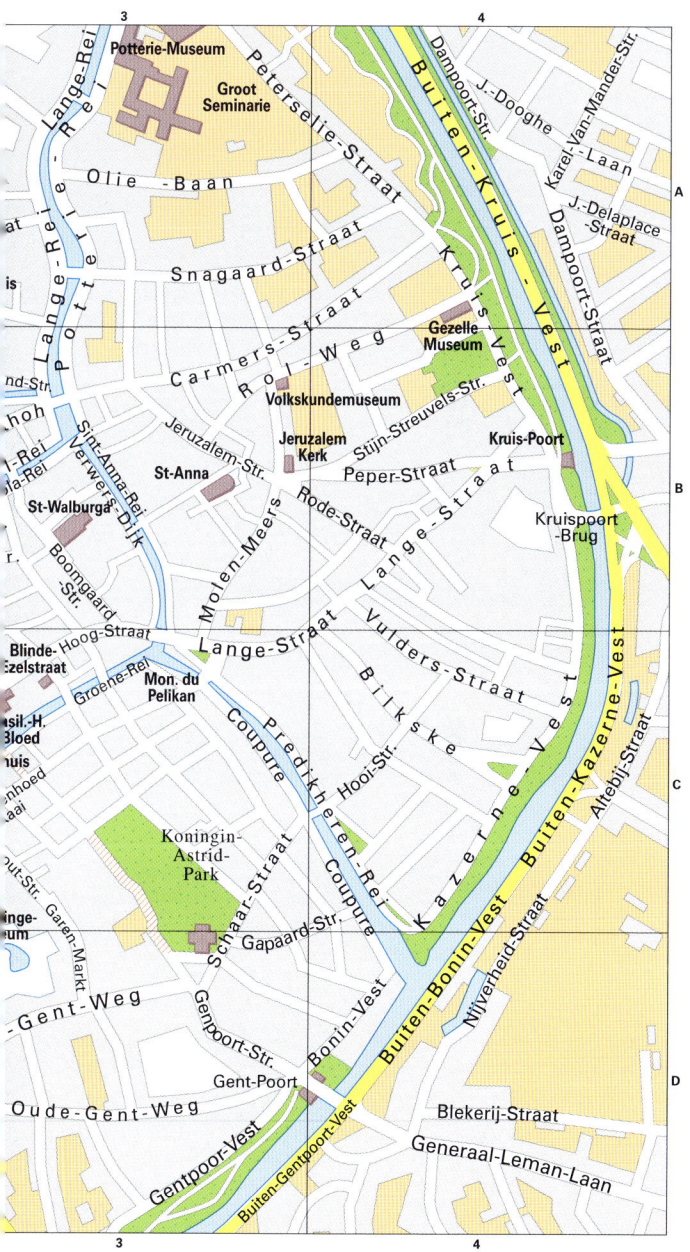

más antigua de Brujas, data del siglo XII. Las sillas del coro, talladas en madera, son fascinantes. De estilo gótico tardío, destacan las típicas misercordias (piezas adornadas en los asientos) que reflejan graciosas escenas talladas de la vida cotidiana. Es aquí donde el archiduque Maximiliano de Austria, fue nombrado gran maestre de la Orden del Toisón de Oro, que pasó así de manos de la casa de los Borgoña a la casa de Habsburgo.

BEGIJNHOF ✶✶

Es otra de las visitas obligadas. Este convento romántico fue fundado en 1245 por la condesa de Flandes y es uno de los más antiguos de Bélgica. En su interior habitaron generaciones de beguinas, viudas de soldados de las cruzadas y solteras sin posibilidades de casarse, que se reunieron para vivir en común en voto de castidad, pero no de pobreza. Las casitas del beguinaje se conservan como antaño y son habitadas hoy por monjas benedictinas. A la entrada está el **Begijnhuis,** un pequeño museo. El conjunto de casitas se completa con una capilla decorada con pinturas del siglo XVII y alguna imagen religiosa del siglo XIII, un palomar y un bonito jardín interior.

LAGO DEL AMOR ✶✶

Es el famoso Lago del Amor, **Minnewater,** uno de los parajes más románticos y fotografiados de Brujas. En la época medieval barcos de países tan lejanos como Rusia, atracaban en sus aguas con cargamentos de lanas, vinos, especias y seda para marchar cargados con paños, tapices y encajes de Brujas.

GROENINGE MUSEUM ✶✶

Es uno de los museos más interesantes de pintura flamenca. Aquí se encuentran fascinantes obras de Van Eyck. Su colección de primitivos flamencos tiene fama mundial y es habitual ver grupos de estudiantes de cualquier parte del mundo mirando extasiados las obras de estos pintores. Estimulante colección de maestros del renacimiento y del barroco, y obras de artistas realistas y modernistas belgas.

ARENTHUIS ✶

Es una bonita casa burguesa del siglo XVIII propiedad de la familia Arent. En la primera planta hay un pequeño museo del encaje y en el segundo piso se encuentra una sala dedicada al pintor inglés Brangwyn, que nació en Brujas. Tiene una colección de objetos artísticos de los siglos XVIII-XIX.

- • • • • • • • • •

🕐 D2
✉ Begijnhof 24-30
🕐 De lunes a viernes de 6.30 h a 18.30 h
🔗 www.monasteria.org
💶 2 €

- • • • • • • • • •

🕐 C2-3
🕐 Todos los días de 9.30 h a 17 h
🔗 www.museabrugge.be
💶 15 €

▌ Paseo en barca por los canales

Desde la plaza de los Curtidores zarpan los barcos que recorren los canales de Brujas. La espera es larga sobre todo en verano cuando la afluencia de turistas es enorme.

I SINT-JANS HOSPITAAL ★★

El Hospital de San Juan atesora más de ocho siglos de historia de monjes y religiosas atendiendo a peregrinos, viajeros y enfermos.

Sus salas medievales y la capilla albergan una impresionante colección de documentos, arte, instrumentos médicos y seis obras de arte de Hans Memling. También se puede visitar el desván de Diksmuide, el antiguo dormitorio, la sala tutorial y la farmacia.

- D2
- Mariastraat 38
- De 9.30 h a 17 h, excepto lunes
- 15 €

I MUSEO DE LA PATATA FRITA ★

Su eslógan dice "de patata a frita" y se define como único en el mundo. Documenta la historia de este producto y su tradición culinaria belga. El museo está instalado en un impresionante edificio del siglo XIV, y alberga más de 400 utensilios antiguos.

Frietmuseum
- B2
- Vlamingstraat 33
- De 10 h a 17 h
- www.frietmuseum.be
- 9,50 €

I GRUUTHUSE MUSEUM ★★

Las salas de este museo (permanece cerrado por restauración) está dedicado a las artes decorativas, situado en un antiguo palacio que perteneció a los señores de Gruuthuse. Destacan entre sus piezas tapices de la escuela de Brujas, muebles, orfebrería, cerámica y monedas de la época medieval.

- D2
- De 9.30 h a 17 h, excepto lunes
- www.museabrugge.be
- 15 €

I EL FRENTE OCCIDENTAL DE FLANDES (FLANDERS FIELDS) ★★★

Por aquí se suceden cementerios belgas, franceses, estadounidenses, de la Commonwealth y de alemanes, así como trincheras y otros monumentos conmemorativos de la Primera Guerra Mundial (1914-18). Los sitios que salpican esta zona se han rehabilitado para darles un nuevo uso.

Las vías del tren de la línea número 74, **Frontzate** que cubrían el recorrido entre las localidades de Diksmuide y Nieuwpoort, hoy es una vía ciclista. También se puede disfrutar caminándola. Durante el paseo es posible ver algunos bunkers de la guerra.

Otro lugar es el denominado **Bayernwald** (Bayern Wood), entre Wijtschate y Voormezele. Un sitio del ejército alemán compuesto por dos galerías de minas, un pozo, unas trincheras y cinco bunkers.

Los ingleses, por el contrario, convirtieron la colina de **Lettenberg** en un puesto de observación. Para ello excavaron y levantaron un complejo subterráneo en el interior de este cerro. Otro lugar para conocer cómo era la vida en la primera línea de fuego en el frente occidental del bando belga es la que se conoce como la **Trinchera de la Muerte**.

Bayernwald (Bayern Wood)
- Todos los días de 9 h a 18 h
- 5 €. En Oficina de Turismo de Heuvelland (www.toerismeheuvelland.be/en/bayernwald-eng) y en la de Ieper (Sint-Medardusplein 17, en Wijtschate). Dura 45 minutos

Lettenberg. Lettenberg Hill
- Lokerstraat 8956 Kemmel
- Abierto todos los días
- Gratuita
- www.toerismeheuvelland.be

Trinchera de la Muerte
- Ijzerdijk 65 8600 Diksmuide. Se puede llegar hasta ella dando un paseo desde el centro de la localidad de Diksmuide.
- Todos los días desde marzo de 10 h a 17 h. Del 16 de noviembre a marzo de martes a viernes de 9.30 h a 16 h. Cierra del 25 de diciembre al 3 de enero
- Gratuita

GASTRONOMÍA

Los belgas son grandes aficionados a la cocina y por tanto su oferta gastronómica es excelente. Aunque esta cocina tiene gran influencia francesa, algunos platos como la cacerola de conejo, la *soupe malinoise* o el *waterzooi* de Gante son ejemplos de una gastronomía propia, cuya base son las carnes y los pescados, con la eterna compañía de las patatas.

▌ Vinos y cerveza

Los vinos embotellados suelen ser franceses y, por lo general, son caros, pero se puede pedir el vino de la casa en *pichet* o una copa. La cerveza es de calidad y económica, en comparación con otras bebidas. El pan siempre se sirve acompañado de mantequilla.

▌ *Friteries* o *frikots* y comida callejera

El manjar belga por excelencia, cuya fama ha cruzado fronteras, no se sirve en los mejores restaurantes sino en las *friteries* o *frikots,* que son una institución gastronómica en Bégica. Están repartidos por todas las ciudades y decoran esquinas, plazas y calles, así como impregnan el ambiente con su característico aroma. A cualquier hora del día se ven a personas disfrutando de un cucurucho de *frites*, solas o acompañadas de alguna salsa. Junto con sus *moules* (mejillones) son una combinación que no hay que perderse.

Como ocurre siempre en estos casos, el origen de la patata frita se lo disputan franceses y belgas. Lo que está claro es que los belgas controlan mejor que nadie el arte de la doble cocción, para que así las *frites* sean doradas y crujientes (primero se fríen las patatas a 160°, se retiran del fuego, se dejan reposar y se vuelven a freír unos minutos, pero esta vez a 180°). También es importante la variedad de patatas que emplean *(bintje).* Aunque parezca un plato sencillo, los belgas están muy orgullosos de sus patatas fritas e incluso en las escuelas de hostelería se enseña a cocinarlas a los alumnos.

Hay también puestos callejeros que venden *maatjes,* arenques crudos que se sirven con cebolla picada o bañados en ginebra. Además de patatas, los puestos y cafés ofrecen una gran variedad de canapés, con guarnición de coles de Bruselas y cebolletas en vinagre. Los *belegd broodjes* son bocadillos con numerosos rellenos utilizando *baguettes.* También son muy populares las pizzerías turcas donde además se pueden comprar döners, pan de pita rellenos de carne kebab o shoarma.

▌ Otros platos de la cocina belga

En Bruselas y Lieja está muy extendido el consumo de pescados y productos del mar, entre otros, ostras *(belons, huîtres),* mejillones *(moules)* y diferentes especies de caracoles marinos; los pescados más habituales en la cocina belga son los arenques, las anguilas, las sardinas y una variedad de pescado

▼ *Frites,* el bocado estrella de la gastronomía belga.

▲ Gofre y coles de Bruselas.

seco llamado *scholle*. Por otra parte, a los bruselenses se les conoce como *kieke Fretter* ("comepollos") por su gran afición al pollo asado. El plato flamenco por excelencia es el *waterzooi,* pollo cocido con un puré de patatas espeso y verduras.

La comida tradicional consiste en una *soupe* o sopa de verduras o caldo; la *entrée,* bien de pescado, marisco, tomates rellenos de carne de cangrejo y mayonesa, de carnes blancas o de "jamón de las Ardenas"; a continuación, el plato fuerte o *plat de résistance* a base de carne con guarnición de patatas y al menos una verdura; y por último, el *dessert* o postre, que es opcional y a veces se sustituye por un café largo con nata.

Restaurantes, brasseries y cafés

En todas las grandes ciudades existen numerosos **restaurantes** de cocina internacional, e incluso hay numerosos restaurantes de cocina española, regentados por emigrantes.

Las **brasseries** sirven estupendos desayunos, comidas y cenas a unos precios más ajustados que los de los restaurantes. Están abiertas durante todo el día, desde las 10 h hasta las 23 h o hasta que el último cliente se vaya. Ofrecen variados y económicos menús y platos del día para las comidas y cenas, y para picar entre horas sus cartas incluyen numerosas tablas de quesos y patés, ensaladas ligeras y patatas fritas.

Hay dos clases de **cafés** en Bélgica, los *eetcafes,* que sirven además de bebidas y alcohol también comidas durante el día, y los *bruin cafes* ("cafés marrones") que son establecimientos pequeños, con solera y años a sus espaldas, que no tienen una carta muy elaborada, se basan más en pequeñas tapas de quesos o patés y algún que otro sándwich que no conlleve mucha preparación. Algunos cafés están abiertos hasta bien entrada la madrugada.

El reino del dulce

Los belgas son muy golosos, y la repostería (chocolate, pasteles, gofres, etc.) tiene fama mundial. Un dulce típico son las manitas de Amberes, de galleta y chocolate. Son un homenaje culinario a la "mano" de la ciudad desde 1934, cuya receta original es del artesano Jos Hakker. Para los amantes de lo dulce, los mejores tentempiés son sin duda alguna los *wafels* o gofres y los *oliebollen* (buñuelos con pasas bañados en azúcar).

La
región de
Valonia

Valonia se divide en cinco provincias: Namur, Brabante Valón, Henao, Lieja y Luxemburgo. La región está salpicada por colinas coronadas por castillos y fortalezas, y bañada por ríos como el Mosa, Semois, Lesse y Ourthe. Las Ardenas, zona en la que tuvo lugar la famosa batalla del mismo nombre, se extiende entre las provincias de Luxemburgo y Lieja, principalmente. Es una zona boscosa. El viaje en coche por estos parajes es muy recomendable y muy fácil de hacer. Las carreteras están en muy buen estado de conservación y el tráfico rodado permite una cómoda circulación, en comparación con los atascos que padecen ciudades como Bruselas.

I Tournai (Doornik)

A orillas del río Escalda y muy cerca de la frontera con Francia, se encuentra Tournai, la ciudad más antigua de la región de Valonia. Sus orígenes se remontan a la época romana, cuando ya existía un asentamiento conocido como *Tornacum*.

◀ Paisaje rural en Valonia.

La ciudad ha sufrido a lo largo de su historia los desastres de las guerras, sin embargo, aún conserva una importante parte de su patrimonio que le convierten en una de las más bellas de la región. La ciudad es una especie de museo al aire libre, donde aún se pueden ver construcciones medievales y hasta restos románicos del año 1175. Notables lugares de interés de Tournai se concentran en la **Grand'Place** (▶38).

Oficina de Turismo
✉ Place Paul-Émile Janson 1
🌐 www.visittournai.be

I CATEDRAL DE NOTRE-DAME ✶✶
Declarada Patrimonio de la Humanidad por la UNESCO, fue levantada sobre los cimientos de un santuario cristiano que se remonta al periodo merovingio. El templo se compone de una nave de 48 m de largo y un crucero de 66 m, románicos que datan del siglo XIII. Se completa con cinco campanarios de 83 m de alto, que son el símbolo de la ciudad. En su interior alberga obras de Rubens, Jordaens y Martin de Vos y valiosos objetos sagrados.

Catedral
✉ De lunes a viernes de 9 h a 18 h, fines de semana y festivos de 9 h a 12 h
🎫 Gratuita

Tesoros de la catedral
✉ De lunes a viernes de 10 h a 18 h, fines de semana y festivos de 14.30 h a 18 h

I BEFFROI/ CAMPANARIO ✶✶
También reconocido como Patrimonio de la Humanidad por la UNESCO. Data del siglo XIII y está construido con piedra azul. Es de estilo gótico y tiene una altura de 70 m. Para alcanzar la cúspide hay que subir 257 escalones, pero vale la pena.

✉ A diario de 9.30 h a 12.30 y de 13.30 h a 17.30 h

I PONT DES TROUS ✶✶
Se trata de un antiguo resto de la muralla, un puente de tres arcos apuntados entre torreones semicirculares, construido entre 1281 y 1304. Se encuentra muy cerca de las **iglesias de la Magdalena** y de **San Nicolás**, ambas del siglo XIII.

I MUSEO DE BELLAS ARTES ✶
Ubicado en un edificio art nouveau diseñado por Victor Horta, el **Musée des Beaux-Arts** alberga pinturas y esculturas de artistas antiguos y modernos, como R. van der Weyden, Pieter Brueghel el Joven, Piat-Joseph Sauvage, Jordaens, Manet, Van Gogh y un larguísimo etcétera.

✉ Enclos Saint-Martin 3
✉ De 9.30 h a 12.30 h y de 13.30 h a 17.30 h. Cierra martes
🌐 https://mba.tournai.be

▌Mons (Bergen)

Mons es una acogedora urbe de 96.000 habitantes y un importante polo artístico. Mons y sus alrededores atesoran cuatro lugares declarados Patrimonio de la Humanidad por la Unesco: el campanario, el Museo del Doudou, el Grand-Hornu Images y las minas neolíticas de Spiennes. Además, los archivos del Mundaneum están inscritos en el registro "Memoria del Mundo" de la Unesco.

▌GRAND-PLACE   ★★★

Típica plaza belga rodeada de edificios de los siglos XV al XVIII. La preside el bello **Hôtel de Ville** o Ayuntamiento, de estilo gótico. A su entrada, en un pilar, se encuentra el mono más famoso del lugar. Se trata del *Singe du Grand Garde*, estatuilla de hierro del siglo XV que, según la tradición, da suerte a quien la toca con la mano izquierda.

No hay que dejar de admirar la complicada cerradura de la puerta principal (es una reproducción). A través de la puerta principal del Ayunta-

Oficina de Turismo
✉ Grand Place 27
🕐 www.visitmons.be

▶ Beffroi, el campanario llamado *El Catiau* en Mons.

▼ *Singe du Grand Garde*, estatuilla en el Ayuntamiento que todo el mundo debe tocar.

miento se accede a un pasadizo que conecta con el **Jardin du Mayeur,** un oasis de paz en medio de la ciudad.

| COLEGIATA DE SAINTE WAUDRU ★★★

Construida entre 1450 y 1621, de estilo gótico brabantino, con vidrieras y esculturas de Jacques Du Broeuq, está considerada una de las más bellas de Bélgica.

De su exterior destacan la colección de gárgolas, todas distintas, que coronan los tejados. En su impresionante interior se custodia una urna con reliquias de la santa titular y el *Car d'Or* (Carro de Oro), una pomposa carroza de 1780 que se utiliza para transportar la urna durante las procesiones.

✉ Place du Chapitre
🕐 Todos los días de 9 a 18 h, domingos desde las 9.30 h
🔗 https://wordpress-v2. waudru.be/

| BEFFROI ★★★

A escasos metros del Ayuntamiento, es el único campanario barroco de Bélgica, levantado entre 1661 y 1672. Tiene 365 peldaños que dan acceso a la cima, situada a 87 m de altura. Antaño se vinculó con la protección de la ciudad, además de ser un elemento regulador de la vida de sus habitantes, que lo bautizaron como *El Catiau.*

Campanario de Mons
✉ Rampe du Château
🕐 De martes a domingo de 10 h a 18 h
💰 9 €
🔗 www.beffroi.mons.be

¿Sabías que...?

Durante la Segunda Guerra Mundial el ejército norteamericano obtuvo aquí en Mons su primera victoria en el proceso de liberación de Europa frente a la Alemania nazi. Desde entonces los cuarteles generales de los poderes aliados en Europa (SHAPE) se encuentran a 5 km de la ciudad.

❘ CHÂTEAU DES COMTES ⭐⭐

Está situado detrás de la colegiata. Fue la residencia de los condes de Hainaut y está muy deteriorado. Sobre la cima de la colina se conservan tramos de muralla con torres el siglo XI. Hay que visitar la **capilla** románica **de San Calixto,** construida en 1501, que conserva frescos de la época. La **torre,** del siglo XVII, está coronada por un carillón y un reloj.

❘ MUSEO DEL DOUDOU ⭐

Doudou es el término con el que se denomina a una semana de celebraciones y festejos que tiene lugar cada año en la ciudad con una relevancia internacional. El museo invita al visitante a descubrir este patrimonio excepcional a través de diferentes puntos de vista: histórico, antropológico, científico, artístico, laico y religioso.

❘ MUSEO DE BELLAS ARTES (BAM) ⭐⭐

Un moderno y luminoso edificio alberga una espléndida colección de arte, con más de 15.000 piezas, repartidas en tres plantas y en un pequeño jardín al aire libre. Celebra dos exposiciones temporales a lo largo del año y diversas actividades culturales, cine, conferencias y talleres para niños los domingos en un proyecto llamado el Dynamusée. Dispone de un auditorio para más de 80 personas.

- - - - - - - - - -

✉ Jardin du Mayeur.
Grand Place
🕐 De martes a domingo
de 10 h a 18 h
📞 www.museedudoudou.
mons.be
💶 9 €

- - - - - - - - - -

✉ Rue Neuve 8
🕐 De martes a domingo
de 10 h a 18 h
📞 www.bam.mons.be

▶ Colegiata de Sainte Waudru.

ALREDEDORES DE MONS

▲ El Ayuntamiento de Mons, de estilo gótico

I MINAS NEOLÍTICAS DE SPIENNES ******
El yacimiento arqueológico de Spiennes es uno de los centros de extracción de sílex más antiguos y grandes de Europa. Se encuentra a 6 km de Mons y se extiende a lo largo de 100 ha. El Centro de Interpretación de las Minas Neolíticas de Spiennes, Silex's, ayuda a comprender la importancia e historia de este yacimiento.

Silex'x
✉ Rue du Point du Jour. 7032 Spiennes
📍 www.silexs.mons.be
💶 6 €

I GRAND-HORNU/MUSEO DE ARTES CONTEMPORÁNEAS/CENTRO DE DISEÑO ******
Un antiguo complejo industrial minero de 1810, restaurado y reconvertido en uno de los principales escaparates de la creación contempóranea de arte y diseño en Bélgica. Dispone de restaurante y una entrada conjunta para visitar todo el complejo incluido el museo. Desde 2012 es Patrimonio de la Humanidad por la UNESCO.

✉ Rue Sainte-Louise 82. Hornu (Boussu)
🕐 De martes a domingo de 10 h a 18 h
📍 www.cid-grand-hornu.be/en/visit
📍 www.mac-s.be
💶 10 €

I CASA VAN GOGH/ CUESMES *****
En la pequeña localidad de Cuesmes se conserva la casa de los mineros conocida como **Maison Van Gogh** porque el artista vivió en ella de 1879 a 1880 y aquí "nació" como pintor y conoció el mundo de la minería. Se pueden ver reproducciones de obras del artista durante su estancia y sus preferencias literarias, en un entorno precioso.

✉ Rue du Pavillon, 3. 7033 Cuesmes
🕐 De martes a domingo de 10 h a 18 h
📍 www.maisonvangogh.mons.be
💶 4 €

Oficina de Turismo
✉ Chaussée de Bruxelles 218
☎ www.waterloo-tourisme.
com

▌Waterloo

De no haber sido por la batalla de Waterloo, se-
guramente esta pequeña localidad (30.000 habitantes, provincia valona de Brabante) habría
pasado por alto en las guías turísticas. Todo lo
que la pequeña ciudad tiene que ofrecer es ese
gran pedazo de la historia de Europa en el que
el hasta entonces gran emperador Napoleón fue
derrotado por los ingleses y las tropas aliadas al
mando de Wellington.

Hoy la ciudad es visitada por un millón de turistas al año, quienes quieren ver en vivo el
lugar donde tuvo lugar la batalla, además de las
dependencias de los dos grandes protagonistas
de la misma: Wellington y Napoleón. Cada cinco años,
más de 2.000 personas participan como soldados
para reconstruir la batalla. Un espectáculo colorista
que culmina con la revisión de las tropas.

▌COLINA DEL LEÓN   **

La **Butte du Lion** es el monumento conmemorativo, símbolo de la victoria aliada, que marca el
lugar donde resultó herido el príncipe Orange (futuro Guillermo II de los Países Bajos). Es un león
de hierro de 28 toneladas, obra de Van Geel, que
mira hacia Francia, situado en lo alto de una colina
artificial creada por los holandeses en el año 1823.
Para acceder a la cima y contemplar la explanada
en la que tuvo lugar la batalla hay que subir 226
escalones.

▲ Napoleón, derrotado en
Waterloo.

▼ La Butte du Lion, y
reconstrucción de la
batalla en Wavre, aledaña
a Waterloo.

La batalla de Waterloo

El 18 de junio de 1815, las tropas británicas, holandesas y alemanas, capitaneadas por el general inglés Wellington, y las prusianas al mando de Von Blücher, se enfrentaron con el hasta entonces temido emperador Napoleón en las inmediaciones de Waterloo, un pueblecito a 18 km de Bruselas. Tras la vuelta del emperador de su exilio en la isla de Elba y, al reunirse la Séptima Coalición contra él, Napoleón decidió invadir los Países Bajos, lugar de reunión de las tropas de la nueva alianza.

La batalla, donde lucharon 200.000 hombres, comenzó por la mañana con el ataque francés a la granja fortificada de Hougoumont y sucesivos ataques al frente aliado. La caballería francesa intentó repetidas veces atacar a los aliados por todos los flancos, pero el esfuerzo fue en vano. Napoleón reunió todas las tropas y las lanzó finalmente para romper las líneas de Wellington, pero la gran resistencia prusiana pilló por sorpresa a los franceses. A pesar de todo, el ejército francés estuvo a punto de alzarse con la victoria. Los caídos –muertos, heridos o desaparecidos– fueron cuantiosos en ambos bandos.

Esta fecha pasó a la historia como la gran derrota de Napoleón. Se incluye en el periodo histórico llamado "de los Cien Días", que pone fin a las Guerras Napoleónicas. El emperador fue obligado a vivir en el exilio desde entonces, mientras que Wellington fue coronado con toda clase de honores a su vuelta al Reino Unido. Waterloo se convirtió en una de las grandes atracciones turísticas de Europa. Hoy más de 50 ciudades en el mundo llevan el mismo nombre en honor a la localidad belga.

I MEMORIAL DE WATERLOO ******
Un espacio para rememorar la batalla y conmemorar los aniversarios correspondientes. Son 6.000 m^2 dedicados a la batalla de Waterloo donde destaca una panorámica de 180° del campo de batalla.

I PANORAMA DE LA BATALLA ******
Un impresionante mural cóncavo del pintor Dumoulin, de 110 m de largo por 12 m de alto, que reconstruye la batalla. Mientras se contempla la pintura se pueden oír sonidos que simulan a los soldados y a los caballos que participaron en la contienda.

I MUSEO WELLINGTON *****
Instalado en la casa en la que Wellington tenía su cuartel general durante la batalla. Se puede visitar su residencia privada.

I CUARTEL GENERAL DE NAPOLÉON *****
Es una antigua granja de 1757, donde Napoleón y su Estado Mayor pasaron la noche del 17 de junio de 1815 y diseñaron su estrategia bélica.

✉ Chaussée de Bruxelles 147
🕐 De junio a septiembre de 9.30 h a 18 h, de octubre a mayo de 10 h a 17 h
🎫 Pass 1815 es una entrada conjunta para las 6 atracciones y museos de Waterloo

I Namur (Namen)

La capital de Valonia se extiende a los pies de su ciudadela del siglo XI, en el punto donde confluyen los ríos Mosa y Sambre. Por su situación estratégica, a lo largo de la historia, ha sido una ciudad disputada y escenario de batallas cruentas, entre ellas la de las Ardenas, durante la II Guerra Mundial.

Namur tiene castillo, catedral y un par de museos que son una buena oportunidad para descubrir notables artistas locales, como Henri Bles y Félicien Rops.

I CIUDADELA (▶37)   ★★★
En lo alto de un saliente rocoso, la azarosa historia de esta fortaleza se remonta a la época merovingia. Fue una de las más grandes de Europa y hoy la rodea un bello parque. Se puede subir en teleférico desde la place de Pied-du-Château. Las vistas son espléndidas.

I CATEDRAL DE SAINT-AUBAIN   ★★
Construcción que se comenzó a levantar en el año 1751 y se prolongó dos décadas. Aúna los estilos barroco, rococó y clasicista. Se erigió en el mismo lugar en el que antes estaba la colegiata de Saint-Aubain (se conserva una torre). En el interior de la catedral hay pinturas de Van Dyck y Jordaens.

I IGLESIA DE SAINT-LOUP   ★★
Adornado templo barroco, levantado entre 1621 y 1645. Cuando la contempló por primera vez el poeta francés Baudelaire confesó quedar admirado. Llama la atención su bóveda de toba calcárea y su decoración a base de mármol rojo y negro.

I MUSEO PROVINCIAL FÉLICIEN ROPS   ★★
Instalado en un edificio cercano a la casa natal del artista (▶21), en pleno casco antiguo. El museo abarca la vida y obra de este pintor y grabador desde el principio de su carrera hasta su desarrollo en Francia. Además organiza exposiciones temporales.

I MUSEO PROVINCIAL DE ARTE ANTIGUO   ★★
En sus salas hay expuestas colecciones de pintura, escultura y objetos sacros de la Edad Media y el Renacimiento. Destacan las obras del paisajista local Henri Bles, así como la *dinanderie:* objetos artísticos de cobre y latón fabricados en Dinant.

◀ Puente de Jambes sobre el río Mosa a su paso por Namur.

Oficina de Turismo
✉ Place de l'Station
☎ www.namurtourisme.be

✉ Route Merveilleuse 64
🕐 Consultar los horarios en la página web
☎ www.citadelle.namur.be
🎫 6 €

✉ Place Saint-Aubain
🕐 Cierra lunes

✉ Rue da Collége 5000

✉ Rue Fumal 12
☎ www.museerops.be
🕐 De 10 h a 18 h, cierra lunes
🎫 8 €

✉ Rue de Fer 24
🕐 De 10 h a 18 h, cierra lunes
☎ www.museedesartsanciens.be
🎫 3 €

Turismo de Dinant
- Avenue Colonel Cadoux 8
- www.dinant-tourisme.be

Dinant

Una nota pintoresca y melancólica enclavada entre los macizos rocosos de las Ardenas y a orillas del río Mosa. Aquí nacieron Adolphe Sax, inventor del saxofón, y el padre Pire (1910-1969), que fue Premio Nobel de la Paz en 1958. Un lugar para disfrutar de sus castillos, abadías, museos y cuevas.

COLEGIATA DE NOTRE-DAME ★★

- Place Reine Astrid
- Todos los días de 9 h a 18 h

A este templo le precede una iglesia románica destruida por la caída de una roca en 1227. En 1566, entre los dos incompletos torreones, se añadió un campanario. En el interior destaca la capilla bautismal de 1472, con un bello pórtico románico adornado con figuras bíblicas y la *Coronacion de la Virgen*.

CITADELLE ★★

- Chemin de la Citadelle 1
- De abril a septiembre de 10 h a 18 h, de octubre a noviembre hasta las 17.30 h y de noviembre a marzo hasta las 16.30 h
- www.citadelledinant.be
- 12 €

Justo detrás del ábside de la colegiata de Notre-Dame, un funicular y/o una escalera de 408 peldaños suben hasta 100 m por encima del nivel del río Mosa y dan a parar a esta fortaleza del siglo XI, reconstruida por los obispos de Lieja en 1530. En 1703 la destruyeron los franceses, su actual aspecto es obra de los neerlandeses (1818-1821). Se puede visitar el interior del lugar, convertido en **Museo de Armas** y disfrutar de las vistas.

▼ Monumento al saxofón.

I CASA DE ADOLPHE SAX ★★

Este hombre fue un creador de instrumentos, solista, compositor, director de orquesta, pedagogo y editor (▶21). No es un museo al uso, es más bien una invitación al universo que ideó Adolphe Sax, donde el visitante podrá descubrir curiosos aspectos de su vida y obra.

La Maison de Monsieur Sax
- ✉ Rue Sax 37
- 🕐 De 9 h a 19 h
- 🖥 http://sax.dinant.be
- 💶 Gratuita

I MAISON DE LA PATAPHONIE ★

Espacio lúdico de creaciones sonoras donde descubrir la propia vena musical. Un conjunto de instrumentos único, creado por el luthier Max Vandervos.

- ✉ Rue en Rhée, 51
- 🖥 www.pataphonie.be
- 💶 7 €

I ABADÍA NOTRE-DAME DE LEFFE ★★

Se encuentra cerca de la colegiata. Por una donación de Enrique "el Ciego", conde de Namur, a los monjes mostenses de Floreffe, la iglesia de Leffe pasó a ser una abadía en el año 1200. Reconstruida en los siglos XVII y XVIII, saqueada en 1794, finalmente se vendió en 1816 para transformarse en un taller. De nuevo en 1903 la recuperaron los monjes mostenses y los hermanos flamencos de Tongerlo la restablecieron.

- ✉ Place de l'Abbaye 1
- 🖥 www.abbaye-de-leffe.be

I LA MERVEILLEUSE ★

Fuera del núcleo urbano, a la izquierda del puente sobre el Mosa, se halla esta gruta descubierta en 1904, formada por una sucesión de cuevas en tres niveles y un lago.

- ✉ Route de Philippeville 142
- 🕐 Todos los días de 11 h a 16 h, cierra lunes
- 💶 9 €

◀ Vista de la Ciudadela y la ciudad, a orillas del Mosa.

Oficina de Turismo
✉ Quai de la Goffe 13
📞 www.visitezliege.be

▲ Escalinata de Lieja, que asciende hasta la montaña de Bueren.

✉ Place du Marché
📞 www.liege.be

✉ Place de la Cathedrale

✉ Place Saint-Lambert
📞 archeoforumdeliege.be
🎫 6 €

▌Lieja (Liège, Luik)

La "ciudad ardiente", como se conoce a esta villa, se sitúa a orillas del río Mosa. Durante ocho siglos fue feudo del Sacro Imperio Romano. Fue el primer principado episcopal en la historia de la Iglesia, y llegó a obtener la autonomía bajo el gobierno de una estirpe de príncipes-obispos que se extinguió en 1795, con la llegada de la Revolución Francesa.

Los viajeros que se acerquen hasta aquí y hagan una parada en su viaje disfrutarán de las vistas de la Ciudadela, un rico patrimonio histórico y arquitectónico, así como un animado ambiente, en parte debido a los jóvenes estudiantes de su universidad. Lo mejor es comenzar la visita en la parte baja de la ciudad y ascender a orillas del río, cruzando si se desea de un lado a otro a través de sus numerosos puentes.

▌PLACE DU MARCHÉ ⭐⭐
Se abre, entre edificios del siglo XVI-XVII, en el corazón de la ciudad, casi unida a la place St. Lambert. En el centro del animado mercado, delante del ayuntamiento, está la **escalinata,** símbolo emblemático de la ciudad, erigida por Delcour en 1697.

El **Ayuntamiento,** llamado "La Violette", fue construido en 1714-1718, al estilo que Mansart dictó en Francia. En el extremo este de la plaza está la **fontaine de la Tradition,** adornada por cuatro bajorrelieves de bronce.

▌CATEDRAL DE SAINT PAUL ⭐⭐
Fue levantada en el siglo X y en estilo gótico sobre otro edificio más antiguo, la catedral de Saint-Lambert. A lo largo del tiempo, ha sido acondicionada y renovada en varias ocasiones. Hoy, algunos de los tesoros que se pueden ver, pertenecen a su predecesora. Entre esas piezas destaca el relicario de Carlos el Temerario, el busto relicario de Saint-Lambert (impresionante cofre de plata y piedras preciosas que guarda los restos del santo) y el marfil mosano de las Tres Resurrecciones. El claustro enmarca un coqueto jardín que representa un refugio de paz, en medio de una ciudad bulliciosa.

▌ARCHÉOFORUM ⭐⭐⭐
Un espacio arqueológico en pleno centro de la ciudad que ofrece la oportunidad de conocer los

vestigios descubiertos en las excavaciones que se han venido realizando desde el año 1907. A través de los objetos prehistóricos, de una villa galorromana y otros muchos procedentes de iglesias y otras construcciones podemos viajar en el tiempo sin salir de Lieja.

▲ Estación de Guillemins, obra de Calatrava.

I PALAIS DES PRINCES-ÉVÊQUES ✱✱

El palacio de los Príncipes Obispos, es una construcción de estilo renacentista de 1734. Al palacio le precedieron dos edificios; el primero estaba integrado en la fortificación de la primera muralla de la ciudad, bajo el episcopado de Notger y que destruyó un incendio en 1185; la segunda versión también fue asolada por las llamas en 1505. El aspecto actual es obra de Erad de Marck. Por uno de los lados está el **Gobierno Provincial** y por el otro, la sede de Justicia. Abierto al público hay un primer patio.

✉ Place Saint-Lambert 4

A pocos pasos del palacio se la halla la **iglesia de Ste-Croix,** interesante templo medieval con mezcla de estilos y elementos renanos y gótico-floridos. Sus reliquias más veneradas son dos relicarios llamados la "Llave de San Humberto" y "Tríptico de la Vera Cruz".

I COLEGIATA DE SAINT-BARTHÉLEMY ✱✱

Es el edificio religioso más antiguo de Lieja, construido entre los siglos XI-XII, con dos sólidos torreones

✉ Place Saint-Barthélemy
📞 www.st-barthelemy.be
🎫 3 €

cuadrados. El interior, de estilo barroco, contiene una **pila bautismal,** de enorme valor artístico, considerada una de las siete maravillas de Bélgica.

❙ GRAND CURTIUS ⭐⭐⭐
Gran complejo museístico. Comprende el **Museo Curtius,** obra del industrial Jean de Corte, quien lo mandó construir en el siglo XVII, y otros varios museos, de distinta temática, como arqueología, artes decorativas, arte mosano, arte religioso, de armas y del vidrio. Todas estas colecciones son una evidencia de la aptitud artística y técnica local, así como un elocuente patrimonio histórico que hace referencia a la grandeza del principado de Lieja.

❙ MONTAÑA DE BUEREN ⭐⭐
La cima se alcanza después de subir sus cerca de 400 escalones. Cada vez que uno se gira puede disfrutar de una hermosa vista del río y de la isla que se conoce como Outremeuse. Durante el ascenso, llama la atención las fachadas de algunas de las casas que flanquean esta empinada escalera.

❙ ABADÍA PAIX NOTRE DAME ⭐
Construida en el año 1627. Se puede visitar durante las horas de culto y, si lo desea, se puede reservar una habitación y permanecer en el monasterio para unas jornadas de reflexión.

ALREDEDORES DE LIEJA

❙ THEUX ⭐⭐
A 25 km, es una ciudad de aspecto antiguo, dominada por la **iglesia** románica **de St-Hermes-et-Alexandre,** del siglo XII y con torre fortificada; el **Hôtel de Ville** (1770) y el **perron,** escalinata de 1768.

Desde la Place du Marché, rodeada de edificios renacentistas y barrocos, entre los que destaca la importante **Maison Lebrun.** Cerca una pequeña calle conduce hasta las ruinas del **castillo de Franchimont,** del siglo XII, reformado en 1387, que fue residencia de los príncipes-obispos de Lieja hasta 1794.

❙ SPA ⭐
Un poco más adelante se encuentra la principal ciudad termal de Bélgica, rodeada de bosques y colinas. En el centro de la villa destaca la **Place Royale,** donde están los baños y el casino más antiguo del país, famoso por sus torneos de póquer.

📧 Féronstrée, 136a
📱 www.grandcurtiusliege.be
🕐 Todos los días de 10 h a 18 h, excepto los martes
💶 9 €

📧 Boulevard d'Avroy, 54
📱 http://benedictinesliege.com

📱 www.theux.be

¿Sabías que...?
Una forma curiosa de conocer Lieja es a través de los pasos del escritor Georges Simenon, uno de los más prolíficos de Bélgica. Nació aquí en 1903 y ha dado a la literatura más de 300 novelas, entre las que destacan las de la saga policíaca del inspector Maigret. La Oficina de Turismo de Lieja ofrece un recorrido temático que sigue los pasos de este autor por su ciudad, desde su casa natal hasta los locales que frecuentaba.

I DURBUY ✴✴

Se dice de ella que es oficialmente la ciudad más pequeña del mundo. Sus callejuelas y edificios de piedra se remontan a los siglos XVII y XVIII. Hoy es una localidad extremadamente turística, donde no es raro ver una gran concentración de turistas amontonarse en sus estrechas y peatonales calles y copar sus cafés y restaurantes (con unos precios más elevados que en otros lugares de la región de Valonia).

📷 www.durbuy.be

I LA ROCHE EN ARDENNE ✴✴✴

Esta localidad de origen medieval se extiende a orillas del río Ourthe bajo la atenta mirada de las ruinas de su célebre **castillo** (▶37). construido en lo alto de una escarpada y rocosa montaña. Tras los bombardeos de 1944, la ciudad fue totalmente reconstruida. Esa importante contienda esta bien documentada en el **museo de la batalla de Las Ardenas** (▶33).

📷 la-roche-en-ardenne.be

▼ Vista de La Roche a orillas del Ourthe.

▌Rochefort

Pequeña y tranquila localidad donde visitar las cuevas de Han-sur-Lesse y la cueva de Lorette, además del monasterio de los monjes cirstencienses que fabrican la cerveza trapista.

▌CUEVAS DE HAN-SUR-LESSE ★★
A 6 km de Rochefort, este espacio lleno de cuevas se descubrió en el siglo XIX y la cueva que se visita es la **Grotte de Han.** El río Lesse fluye debajo de las galerías subterráneas y a través del tiempo, ha erosionado las rocas, creando formas de gran belleza.

- Visitar web
- www.grotte-de-han.be
- 27 €

▌CUEVA DE LORETTE ★★
A unos 600 m del centro del pueblo. La entrada de la cueva se descubrió en 1865. La visita dura una hora y media y se desciende hasta 60 m de profundidad para alcanzar un laberinto de galerías y salas.

- www.grotte-de-han.be

▌ABADÍA DE NOTRE-DAME DE SAINT-REMY ★
Un monasterio aún hoy habitado por monjes cistercienses donde se produce la famosa cerveza trapista. La abadía no está abierta al público.

- Rue de l'Abbey 8
- Solo se visita la iglesia

▌CASTILLO DE ROCHEFORT ★
Esta fortaleza, cuyo origen data del siglo XI, domina desde lo alto la localidad. Perteneció a ilustres familias como los Montaigu o los Walcourt, y fue totalmente reconstruido a principios del siglo XX. Contiene un pequeño museo de piezas arqueológicas.

▼ El río Semois, a su paso por Bouillon.

❚ Bouillon

Es una localidad fronteriza con Francia a orillas del río Semois que tiene alrededor de 5.000 habitantes. Su castillo del siglo VIII es el más antiguo de la arquitectura feudal en Bélgica. Castillos, fábricas de cervezas y museos son los mejores lugares para visitar. En marzo se celebra un famoso carnaval.

❚ CASTILLO (▶37)   **

El castillo sufrió numerosas reconstrucciones a lo largo del siglo XV. Las tropas francesas casi lo reducen a cenizas durante la invasión napoleónica.

Está formado por cuatro cuerpos en torno a un gran patio de armas, puentes levadizos y poderosas torres circulares para su defensa.

La visita al castillo incluye conocer diversas dependencias. Una de las más interesantes es una sala excavada en la roca con capacidad para albergar a 500 personas; en ella se conservan recuerdos del duque Godofredo de Bouillon, héroe de las Cruzadas.

❚ ABADÍA DE CLAIREFONTAINE-CORDEMOIS   *

Esta abadía está situada a unos 3 km al suroeste aproximadamente. Se encuentra bellamente ubicada a orillas del Semois. Fue fundada en 1216, destruida en 1794 durante la Revolución y reconstruida en el siglo XX. Lo más destacable es la iglesia que conserva bonitas vidrieras y un Vía Crucis de Van der Linden.

❚ ABADÍA DE ORVAL   *

En Villers-Devant-Orval, a unos 45 km, se asienta en un profundo valle, la abadía, donde todavía vive una pequeña comunidad de monjes.

La abadía, fundada en el año 1132, fue una de las abadías cistercienses más importantes de Bélgica, destruida prácticamente durante la Revolución Francesa.

La iglesia tiene una construccion moderna y está dedicada a Nuestra Señora. Los tres puntos de mayor interés son una fuente, el rosetón secular y un jardín de plantas medicinales.

Los restos que se conservan de la antigua abadía son la iglesia de tres naves, el claustro y la sala capitular. Hoy en día, el complejo incluye una fábrica de cerveza y otra de queso.

Oficina de turismo
🛈 www.bouillon-tourisme.be

▲ Puente colgante sobre el río Semois en Bouillon.

🕐 Invierno, de 10.30 h a 17.30 h, marzo, mayo y octubre de 9.30 h a 18 h, resto del año hasta las 18.30 h
🛈 www.orval.be
💶 6 €

Dónde...

Comer — 114
Alojarse — 119
Ir de compras — 125
Llevar a los niños — 127
Divertirse — 128
Fiestas y festivales — 133

Restaurantes

BRUSELAS

Comme Chez Soi (C)
Una institución gastronómica en Bélgica. Posee dos estrellas Michelin.
- ✉ Place Rouppe 23
- ☎ 2 512 29 21
- 🖥 www.commechezsoi.be
- 🍴 Más de 100 €

Brasseries Georges (C)
Todo lo que se espera de una brasserie además de un bar de ostras, tan típico en la ciudad.
- ✉ Avenue W. Churchill 259b
- ☎ 2 347 21 00
- 🖥 www.brasseriesgeorges.be
- 🍴 75 €

Fritkots/Friterie de Bruselas

Maison Antoine, Place du Jordan o Jordanplein; www.maisonantoine.be. Su situación al lado del Parlamento Europeo hace que también los parlamentarios se encuentren entre sus fans.

Chez Martin, en Place Saint-Josse/Sint-Joost plein. Otro de los clásicos en la ciudad.

La Friterie de la Place de la Chapelle, rue Haute/Hoogstraat. En el barrio castizo de Les Marolles. Ofrece porciones grandes y un sinfín de salsas.

La Friterie de la Barrière, Rue du Parc/Parkstraat. En el barrio de St-Gilles. Además ofrece una muestra de objetos y literatura relacionados con las patatas fritas belgas.

Les Brigittines (C)
Gastronomía clásica y platos escogidos a un tiro de piedra del Sablon.
- ✉ Place de la Chapelle 5
- ☎ 2 512 68 91
- 🖥 www.lesbrigittines.com
- 🍴 55 €

Restaurant & traiteur Bozar (M)
La cocina de este restaurante, totalmente reformado, aúna la tradición con la innovación. Los platos son una fusión belga y francesa.
- ✉ Rue Baron Horta 3 B
- ☎ 2 503 00 00
- 🖥 https://bozarrestaurant.be
- 🍴 30 €

Gramm (M)
Su propuesta responde al nombre de la fórmula "bistromonic". Su chef promete sorprender a sus comensales con una mezcla de comida belga y tex-mex.
- ✉ Rue de Flandre 86 Vlaamsestenweg
- ☎ 2 324 99 66
- 🖥 http://grammrestaurant.be
- 🍴 30 €

La Quincaillerie (M)
Una marisquería ubicada en un ambiente industrial (el local era una antigua ferretería). Su gran reloj recuerda al de la película *Regreso al futuro*.
- ✉ Rue du Page 45
- ☎ 2 533 98 33
- 🖥 www.quincaillerie.be
- 🍴 45 €

La Marée (M)
Ambiente y cocina marinera portuguesa al estilo belga, acorde con el barrio de Dansaert, de tradición pesquera, en recuerdo de los canales que antaño había por el lugar.
- ✉ Rue de Flandre 99
- ☎ 2 511 00 40
- 🖥 www.lamaree-sa.com
- 🍴 45 €

Beaucoup Fish (M)
Ofrece un menú reducido a base de pescado que cambia cada dos días. Algunas de sus recomendaciones son las ostras, los canelones con camarones salvajes y el atún tataki.
- ✉ Rue Van Gaverstraat 2
- ☎ 2 218 64 20
- 🖥 www.beaucoupfish.be
- 🍴 25-30 €

Selecto (M)
Productos auténticos y condimentos llenos de gracia. Es posible comer en la barra.
- ✉ Rue de la Flandre 95-97
- ☎ 2 511 40 95
- 🖥 www.leselecto.com
- 🍴 36 €

Alice Restaurant & Cocktail Bar (M)
Fusiona alimentación sana con cocina inventiva. Tiene terraza y un ambiente elegante.
- ✉ Avenue Louise 190
- 🖥 http://alicerestaurant.be
- 🍴 36 €

La Manufacture (M)
En el pasado fue una imprenta y un taller de cuero. Propuestas gastronómicas originales.
- ✉ Rue Notre Dame du Sommeil
- 🖥 www.lamanufacture.be

Les Petits Oignons (M)
Un establecimiento de confianza que posee todo el encanto de Bruselas.
- ✉ Rue de la Régence 25
- ☎ 2 511 76 15
- 🖥 www.restaurant-petits-oignons-bruxelles.be
- 🍴 36 €

Pistolet Original (E)
Aquí se puede degustar el panecillo típico de Bruselas y sus rellenos de alta gama.
🖃 Rue J. Stevens 24
📞 www.pistolet-original.be
🖥 15 €

La Porteuse d'Eau (E)
Bistrot estilo Art Nouveau donde se sirven platos de la cocina bruselense.
🖃 Rue Jean Volders 48
☎ 2 537 66 46
🖥 30 €
📞 www.laporteusedeau.be

Mo Mo (E)
Cocina tibetana sostenible. Empanadillas y sopas son la especialidad de la casa.
☎ 2 522 09 68
📞 www.mo-mo.eu
🖥 5 € las mo-mo y 10 € el menú

Mer du Nord (E)
Puesto de comida ideal para degustar mejillones y sopa de pescado. Cuentan con un *Fishbar* en Rue du Luxemburg.
🖃 Rue Sainte-Catherine 45
☎ 2 513 11 92
📞 www.vishandelnoordzee.be
🖥 15 €

Barrio Europeo

En este rincón de la ciudad se pueden degustar sabores de muchos lugares del mundo. En Place Jourdan y las calles adyacentes se concentran un gran número de restaurantes de cocina internacional especializados por regiones. Pero también existe la posibilidad de probar bocados bruselenses en numerosos restaurantes y cafeterías que ofrecen cocina belga y francesa.

Tram Experience (C)
Una original propuesta gastronómica a bordo de un tranvía preparado por prestigiosos chefs inter-

nacionales, miembros de *Délice network*. Consultar www.visit.brussels/en/visitors/where-to-eat/tram-experience, para ver las fechas en las que se puede disfrutar de esta alternativa culinaria.
🖃 Pl. Poelaert
📞 www.visit.brussels/en
🖥 100 €

Amberes

I Famosi (M)
Restaurante italiano que ofrece una comida sencilla y rica. Decorado al estilo años 50 con fotografías de celebridades del mundo del cine de Italia. Tiene dos locales, una pizzería y un restaurante.
Pizzería
✉ Steenberstraat, 11
Restaurante
✉ Burburestraat 6-8
☎ 3 231 29 01
🍽 30 €

De Natie (M)
Original restaurante ubicado en un antiguo almacén. Sirven almuerzos y cenas, aunque también se puede tomar un café y/o una copa.
✉ Van de Werverstraat, 18-22
☎ 3 296 76 10
🌐 www.de7schaken.be

Ellis Gourmet Burger (M)
Sirve excelentes hamburguesas en un local muy cerca del puerto desde donde zarpaban los barcos de *Red Star Line* con destino a Nueva York.
✉ De Keyserlei, 21
☎ 3 689 97 03
🌐 https://ellis.be/en-en

DK (M)
Restaurante chino en el barrio del mismo nombre.
✉ Van Wesenbekestraat, 44
☎ 3 233 25 78

Taj Mahal (M)
Buen restaurante de cocina hindú.
✉ Statiestraat, 15
☎ 3 337 71 37
🌐 www.tajmahal2018.be

Gazzete (M)
Sirven platos flamencos tradicionales como la carne estofada o *vidé* con patatas fritas.
✉ Oude Vaartplaats, 28
☎ 3 227 04 19
🌐 www.gazette-eetcafe.be

De Burgerij (M)
Hamburguesas caseras mientras se disfruta de una bonita vista al MAS.
✉ Sint-Laureiskaai, 8
☎ 3 336 66 67
🌐 www.burgerij.be

Mistral (M)
Cocina provenzal. Espacio reducido, merece la pena intentar conseguir mesa.
✉ Pelgrimstraat, 20
☎ 3 232 94 72
🌐 https://fr-mistral.be/contact

Frikot Max (E)
Puesto de patatas fritas servidas en cucurucho de papel, como es debido.
✉ Groenplaats, 12
☎ 4 748 86 383
🌐 www.frikotmax.be

Frituur L.O. (E)
Dicen que aquí se hacen las mejores patatas fritas, solo por el paseo merece la pena ir y averiguarlo.
✉ Frederik Van Eedenplein

De Gulden Bock (E)
Se puede comprar la comida para llevar o degustarla en la planta de arriba.
✉ Schuttershofstraat 11
☎ 3 227 17 50
🌐 www.deguldenbock.be

Brujas

Parkrestaurant (C)
Elegante establecimiento de aire vintage, que ofrece excelente cocina belga y francesa.
- ✉ Minderbroedersstraat 1
- ☎ 497 80 18 72
- 🖰 www.parkrestaurant.be

Bristo Bruut (M)
Comida fresca y local. Una combinación de la cocina tradicional con toques de modernidad.
- ✉ Meestraat, 9
- ☎ 5 069 55 09
- 🖰 www.bistrobruut.be

Cambrinus (M)
Antiquísima braserie y cervecería con mucha solera. Ambiente muy típico y sinfín de variedades de cerveza El local es un museo.
- ✉ Philipstockstraat 19,
- ☎ 50 33 23 28
- 🖰 www.cambrinus.eu

Gante

Restaurante Volta (M)
Un buen lugar para degustar platos como el *waterzooi* (guiso de pollo, pescado, verduras y crema de leche), *pailing in't groen* (anguila en salsa verde) y *mosslem met friet* (mejillones con patatas fritas).
- ☎ 9 324 05 00
- 🖰 www.volta-gent.be

Brasserie Pakhuis (M)
En una nave de aire industrial, ambiente muy agradable y buena cocina local.
- ☎ 2 235 555
- 🖰 www.pakhuis.be

Noedel Bar Ramen (E)
Situado en el barrio de Patershol. Aquí se sirve pasta japonesa. Su reducido espacio (12 sillas) es parte de su encanto.
- ✉ Oudburg 51
- ☎ 472 33 72 36
- 🖰 https://ramen.gent

Lovaina

Peatonal y llena de edificios del siglo XVII y XVIII, Muntstraat es la calle de los restaurantes por excelencia. Abundan los de cocina europea.

Trente (C)
Cocina contemporánea con productos de temporada. Goza de una estrella Michelin. Precios a la altura.
- ✉ Muntstraat 36
- ☎ 1 620 30 30
- 🖰 www.trente.be

Mykene (M)
Local de diseño moderno y agradable ambiente.
- ✉ Muntstraat 44
- ☎ 1 623 75 23
- 🖰 www.mykene.be

VALONIA

Bouillon

La Ferronnière (M)
Platos elaborados con productos locales. El restaurante forma parte de un coqueto y romántico hotel.
✉ Voie Jocquée, 44
☎ 6 123 07 50
🖱 www.laferronniere.be

Dinant

Chez Bouboule (M)
Un buen lugar para dar buena cuenta de los típicos mejillones.
✉ Rue Adolphe Sax 34
☎ 8 222 22 39
🖱 www.chezbouboule.be

Lieja

Le Theme (M)
Un curioso restaurante que cada cierto tiempo cambia su decoración y su menú, envuelto en un ambiente misterioso y romántico. Se encuentra en un callejón.
✉ Impasse de la Couronne 9
☎ 4 222 02 02
🖱 www.letheme.com

Amon Nanesse (M)
Restaurante de ambiente y estética rústica. Cocina típica de Lieja: *steak flambé au Peket, tendres rognons cuisinés, salade liégeoise, bœuf au poivre, savoureuses volailles au fromage de Herve.*
✉ Rue du stalon, 1-3
☎ 4 250 37 83
🖱 www.maisondupeket.be

Le Bistrot d'en Face (M)
Pintoresco restaurante que recrea el ambiente de la villa de Lieja de antaño para proporcionar un ambiente íntimo y tradicional. Cocina local con productos frescos.
✉ Rue de la Goffe, 8-10
☎ 4 223 15 84
🖱 www.lebistrotdenface.be

Mons

Restaurante L'Envers (C)
Platos típicos del lugar a precios, quizás, algo elevados.
✉ Rue de la Coupe 20
☎ 6 535 45 10
🖱 www.lenvers-mons.be

Les Gribaumonts (C)
Cocina imaginativa en un restaurante decorado de manera sobria.
✉ Rue d'Havré 95
☎ 6 575 04 55
🖱 www.lesgribaumonts.be

Namur

Le Grill des Tanneurs (M)
Cocina local en un buen restaurante de hotel.
✉ Rue des Tanneries, 13
☎ 8 124 00 24
🖱 www.tanneurs.com/fr/
restaurant-legrill.php

Vino-Vino
Taberna de vinos bien surtida y cálido ambiente. Ideal para cenar en plan de pique (quesos y salchichas).
✉ Rue des Brasseurs 61
☎ 8 126 00 51
🖱 www.vinovino.be

La Roche en Ardenne

Boucherie Bouillon & Fils (M)
Un restaurante acogedor, ideal para disfrutar de un buen *jambon* y otros platos de carne.
✉ Place du Marché 9
☎ 8 441 18 80
🖱 www.maison-bouillon.be

Ardennais (M)
Es un lugar muy acogedor y tranquilo para degustar platos tradicionales, ubicado en el centro de La Roche.
✉ Rue Châmont 8
☎ 8 441 15 64
🖱 www.
restaurantardennais.be

Rendeux

Restaurante Au Moulin de Hamoul (M)
En este restaurante se propone una cocina sencilla y auténtica. Menús para todos sus gustos y bolsillos.
✉ Rue de Hotton 86
☎ 8 447 81 81
🖱 www.moulindehamoul.com

Restaurante del Château de Rendeux
Restaurante de cocina francesa y mediterránea en el interior de un palacio.
✉ Rue de Hotton
☎ 8437
🖱 www.chateau-rendeux.be

Tourani

L'Ancienne Poste (M)
Platos locales de calidad pero sin pretensiones, con un menú amplio.
✉ Boulevard des Déportés, 1
☎ 6 986 61 66
🖱 www.restaurant-lancienneposte.be

Durbuy

Sanglier des Ardennes (M)
En un hotel, ofrece productos de temporada.
✉ Rue Comte d'Ursel 14
☎ 8 621 32 62
🖱 www.sanglier-durbuy.be

Saint Amour (M)
Proponen una cocina imaginativa y con personalidad elaborada a partir de productos locales y de temporada.
✉ Place aux Foires 18
☎ 8 621 25 92
🖱 www.saintamour.be

Waterloo

L'Amusoir (M)
Un bello y clásico local de cocina francesa.
✉ Chaussée de Bruxelles 121
☎ 3 548 233
🖱 www.lamusoir.be

▌Alojamiento

BRUSELAS

Hay que tener presente que en Bruselas, debido al elevado número de congresos que se celebran de lunes a viernes, es más económico alojarse los fines de semana, días en que los hoteles ofrecen precios más económicos.

Amigo**** (C)

Antigua prisión y desde 1957, uno de los hoteles por excelencia de la ciudad a pocos pasos de la Grand Place. Todos los servicios y un sofisticado restaurante.

✉ Rue del'Amigo 1-3
☎ 2 547 47 47
🖱 www.roccofortehotels.com

Hotel Eurostars Montgomery***** (C)

Situado en pleno centro de Bruselas, con un acceso directo a la parada de metro de Schuman y muy cerca de la estación de metro Montgomery y de varios de los monumentos más emblemáticos de la ciudad; el Manneken Pis y la Grand Place. Por dentro es de ambientación clásica victoriana, con agradables salones, biblioteca y restaurante, *La Duchesse*. Las habitaciones, espectaculares, como las vistas desde sus balcones.

✉ Avenue de Tervueren, 134
☎ 227 418 511
🖱 www.eurostarshotels.com

Sofitel Brussels Europe***** (C)

En el Barrio Europeo, cerca de frondosos parques, cafés y museos. En la pintoresca Place Jourdan, a escasos metros del Parlamento Europeo, este elegante hotel fusiona el diseño contemporáneo francés con un servicio del más alto nivel, el estilo de vida y la cocina de la capital belga.

✉ Place Jourdan 1
☎ 2 235 51 00
🖱 www.sofitel-brussels-europe.com/en

Holtel NH Brussels EU Berlaymont**** (C)

Ubicado en el Barrio Europeo, muy cerca del edificio

Berlaymont, es un compendio de elegancia y modernidad.

✉ Bv. Charlemagne 11-19
🖱 www.nh-hotels.es

Hotel Manos Premier***** (M)

Lujoso alojamiento con habitaciones amuebladas como en la época de Luis XV y Luis XVI. Dispone de jacuzzi. Restaurante de lujo *Kolya* con ambiente cálido y acogedor.

✉ Chaussée de Charleroi, 100-106
☎ 2 25 379 682
🖱 www.manospremier.com

Odette en Ville*** (C)

Ubicado en una antigua residencia privada de 1920 en el barrio de Châtelain.

Íntimo y exclusivo.

✉ Rue du Châtelain 25
☎ 2 640 26 26
🖱 www.odetteenville.be

9 Hotel Sablon**** (M)

Ambiente familiar en un entorno de elegancia y cuidada decoración. Rodeado de anticuarios de prestigio, de Art Nouveau, de los mejores restaurantes con terraza de toda la ciudad y de las más selectas tiendas de chocolate belga.

✉ Rue de la Paille 2-8
☎ 2 2 880 07 01
🖱 www.odetteenville.be

Le Dixseptième**** (M)

Este hotel está ubicado en una antigua y hermosa mansión que data del siglo XVII.

✉ Rue de la Madeleine 25
☎ 22 517 17 17
🖱 www.ledixseptieme.be

NH Hotel Du Grand Sablon****

Perteneciente a la cadena NH, que tiene varios hoteles de lujo en Bruselas. Bien ubicado en el elegante barrio del Sablon.

✉ Bodenbroekstraat 2/4
☎ 2 518 11 00
🏠 www.nh-collection.com

NH Stephaine****(M)
El NH Sthephaine ofrece todas las comodidades de un gran hotel, además de un buen emplazamiento. Pertenece a la cadena NH es una elección adecuada si no se quiere arriesgar. Las habitaciones de la sexta planta disfrutan de buenas vistas.
✉ Rue J. Stas 32
☎ 2 2 537 42 50
🏠 www.nh-hotels.com

The Dominican**** (M)
El edificio que alberga las habitaciones de este elegante hotel era una antigua abadía.
✉ Rue Leopold 9
🏠 www.thedominican.be

Zoom Hotel**** (M)
Cada habitación está decorada con instantáneas de fotógrafos belgas. Luce un estilo industrial sugerente.
✉ Rue de la Concorde 59
☎ 2 515 00 60
🏠 http://zoomhotel.be/en

Hotel Café Pacific (M)
Cada una de las 12 habitaciones está decorada de una manera, muy en la línea del barrio trendy de Dansaert, donde se ubica.
✉ Rue Antoine Dansaert 57
☎ 2 487 888 747
🏠 www.hotelcafepacific.com

Meininger Hotel*** (M)
Muchos alojamientos en un solo hotel: urbano, familiar y para mochileros. Junto al canal Bruxelles-Charleroi.
✉ Quai du Hainaut 33
☎ 2 25 881 474
🏠 www.meininger-hotels.com

Monty Small Design** (M)
Un hotel boutique. Un soplo de aire fresco respecto a los hoteles convencionales. Ideal para viajes de turismo y de negocios.
✉ Boulevard Brand Whitlock 101
☎ 2 734 56 36
🏠 www.monty-hotel.be

La Maison Haute (M)
Bed&Breakfast ubicado en un histórico edificio del siglo XIX en el barrio de Marolles.
✉ Rue Haute 101
☎ 2 475 692 132
🏠 www.lamaisonhaute.be

Hotel Alma Grand Place*** (E)
Cerca del célebre Manneken Pis o las prestigiosas Galerías Reales Saint-Hubert. Cálido y funcional.
✉ Rue des Eperonniers 42-44
☎ 2 502 28 28
🏠 www.almahotel.be

Aqua Hotel*** (E)
Un buen hotel de negocios ubicado cerca de las instituciones europeas.
✉ Rue de Stassart 43
☎ 2 213 01 01
🏠 www.aqua-hotel-brussels.com

Atlas***(E)
Situado en Dansaert, el barrio de moda de la ciudad. Hotel con 88 habitaciones con encanto.
✉ Rue du Vieux Marché aux Grains 30
☎ 2 502 60 06
🏠 www.atlas-hotel.be

Ibis Brussels City Centre*** (E)
Buena relación calidad/precio.
✉ Rue J. Plateau 2 (Place Sainte Catherine)
☎ 2 620 04 26
🏠 https://all.accor.com

Made in Louise*** (E)
Hotel boutique con 48 habitaciones.
✉ Rue Veydt 40
☎ 2 573 40 33
🏠 www.madeinlouise.com

Aloft Brussels Schuman (E)
Hotel con estilo a bajo precio.
✉ Place Jean Rey
☎ 2 800 08 88
🏠 www.marriott.com

Hotel nhow Brussels Bloom (E)
Un hotel diferente, como sus habitaciones decoradas por artistas de varios países de Europa.
✉ Rue Royale 250
🏠 www.nh-hotels.com

Vintage (E)
29 habitaciones decoradas al estilo vintage en una mansión de principios del siglo XX.
✉ Rue Dejoncker 45
☎ 2 533 99 80
🏠 www.vintagehotel.be

La Nuit Américaine Guest House (E)
Ubicado en el barrio de Le Chatetain, rodeado de edificios Art Nouveau.
✉ Rue Américaine 107
☎ 2 347 56 98
🏠 http://lanuitamericaine.be

Motel One (E)
Este complejo dispone de 490 habitaciones renovadas totalmente en 2024. Hotel de diseño asequible inspirado en el encaje belga.
✉ Rue Royale 120
☎ 2 209 61 10
🏠 www.motel-one.com/en/hotels/brussels

Train Hostel

Las 160 personas que pueden dormir en el interior de un tren se reparten en compartimentos de 2 a 6 camas. Algunos tienen baño privado, otros no. Otra manera de descansar en la ciudad.

✉ Avenue Georges Rodenbachlaan 6
☎ 2 808 61 76
🖥 https://trainhostel. hotelsbrussels.net/en

Albergue Sleep Well (E)

Situado a 10 minutos a pie del centro de la ciudad y de la estación del norte y a 100 m de la estación de metro Rogier. Camas en dormitorios de 1 a 6 camas o habitación privada.

✉ Rue du Damier 23
☎ 2 218 50 50
🖥 www.sleepwell.be

Amberes

Lindner Hotel & City Lounge**** (M)

Práctico y funcional hotel junto a la Estación Central y en el barrio de los Diamantes. Habitaciones cómodas.

✉ Lange Kievitstraat, 125
☎ 3 227 77 00
🖥 https://lindnerhotels.com/ en/hotels/lindner-hotel-antwerp

Banks**** (M)

Para disfrutar como huésped y/o cliente de su café y terraza. La decoración de las habitaciones es por cuenta de artistas locales, moderna y funcional.

✉ Steenhouwersvest 55
☎ 3 232 40 02
🖥 www.banksantwerpen.be

Matelote*** (M)

Hotel ubicado en un edificio del siglo XVI con las comodidades del siglo XXI, excepto por lo que le hace único; no tiene ascensor. Habitaciones con decoración de corte minimalista.

✉ Haarstraat 11a
☎ 3 201 88 00
🖥 www.hotel-matelote.be

O Kathedral*** (M)

Ubicado en el centro histórico de la ciudad. Hotel con habitaciones decoradas con mobiliario de diseño y de firma. Cuenta con un agradable bar.

✉ Handschoenmarkt 3
☎ 3 500 89 50
🖥 www.hotelokathedral. com

Brujas

Una de las mejores opciones para ver Brujas con tranquilidad es hacer noche allí.

Asinello (M)

Nuevo y moderno Bed & Breakfast en el centro de Brujas.

✉ Lore Ezelstraat, 59ª
☎ 4 783 88 647
🖥 www.asinello.be

Bouillon

La Ferronnière*** (C)

Una granja del siglo XIX convertida en un agradable y romántico hotel con vistas al castillo muy cerca de un bosque. Servicio exquisito. Delicioso desayuno bufé.

✉ Voie Jocquée 44
☎ 6 123 07 50
🖥 www.laferronniere.be

Panorama**** (M)

Como su nombre bien indica, es un hotel de alta gama con excelentes vistas al castillo de Bouillon. Las habitaciones son acogedoras y muy bien equipadas. Magnífico restaurante.

enclave único. Algunas habitaciones tienen vistas impresionantes al río Lys. Animado restaurante Midtown Grill.
- ✉ Korepiei 10
- ☎ 9 233 93 93
- 🖰 www.marriott.com

1898 The Post (C)

Un hotel instalado en el antiguo edificio de Correos de Gante, en el que sus estilosas habitaciones responden a los nombres de Sobre, Sello, Carta y Postal. No deja indiferente a ningún huésped.
- ✉ Graslei 16
- ☎ 9 391 53 79
- 🖰 www.zannierhotels.com/1898thepost/en

Novotel Gent Centrum (M)

Céntrica ubicación y habitaciones confortables. Terraza, piscina al aire libre y sauna.
- ✉ Hoogpoort 52
- ☎ 9 293 90 02
- 🖰 https://all.accor.com

Lovaina

Begijnhof Hotel (M)

Moderno hotel donde se respira sobre todo, tranquilidad.
- ✉ Tervuursevest 70
- ☎ 1 629 10 10
- 🖰 https://bchotel.be/en/home-2

Martin's Klooster Hotel

Moderno y lujoso hotel en el centro histórico. 103 habitaciones.
- ✉ Onze Lieve Vrouwstraat 2
- ☎ 1 621 31 41
- 🖰 www.martins-hotels.com

Ibis Budget

La cadena Ibis ofrece alojamientos con buena relación calidad/precio.
- ✉ Martelarenlaan 10
- ☎ 1 647 98 80
- 🖰 https://all.accor.com/

✉ Rue au-Dessus de la Ville 25
☎ 6 146 61 38
🖰 www.panoramahotel.be

Dinant

Hotel La Merveilleuse (C)

Situado en un convento neogótico del siglo XIX, desde el cual se puede disfrutar de una excelente vista de la ciudad de Dinant, así como de la tranquilidad del lugar. Excelente servicio.
- ✉ Charreau des Capucins 23
- ☎ 8 222 91 91
- 🖰 www.lamerveilleuse.be

Castel du Pont à Lesse *** (M)

Hotel ubicado en un castillo del siglo XIX situado a cinco minutos de Dinant.

Cuenta con restaurante, bar y piscina.
- ✉ Pont-à-Lesse 36
- ☎ 8 222 28 44
- 🖰 casteldepontalesse.be

Durbuy

Sanglier Hotel Durbuy**** (C)

Este romántico hotel ubicado en la denominada ciudad más pequeña del mundo. A la comodidad de sus habitaciones hay que sumar su centro *wellness* y su sofisticado restaurante.
- ✉ Rue Comte d'Ursel 14
- ☎ 8 621 32 62
- 🖰 www.sanglier-durbuy.be

Gante

Ghent Marriott (C)

Un edificio antiguo para un moderno hotel en un

Lieja

Hotel Amosa Liège (M)
Situado en una recoleta plaza, muy cerca del centro de la ciudad. Hotel moderno y cálido.
- ✉ Rue Saint Denis 4-6
- ☎ 4 331 93 35
- 🖥 http://amosaliege.be

Pentahotel (M)
Hotel de estética chic en una ciudad, como Lieja, que luce un look clásico. Además de descansar en sus habitaciones se puede disfrutar de su bar.
- ✉ Boulevard de la Sauvenière, 100
- ☎ 242 217 711
- 🖥 www.pentahotels.com

Hotel Neuvice (M)
Una amalgama de tradición, modernidad y comodidad. Ubicado en la calle peatonal más antigua de la ciudad, era un punto de referencia para orfebres e impresores. Cuenta con diez habitaciones que están muy bien equipadas.
- ✉ Neuvice, 45
- ☎ 243 759 740
- 🖥 www.hotelneuvice.be

Mons

Martin´s Dream Hotel**** (C)
Un edificio neogótico del siglo XIX alberga este hotel, el cual brinda a sus húespedes desde confortables habitaciones hasta un sugerente restaurante y un relajante spa. Ofrece descuentos a lo largo de todo el año.
- ✉ R. de la Grande Triperie 17
- ☎ 6 532 97 20
- 🖥 www.martinshotels.com

Hotel St James*** (M)
Alojamiento de diseño sencillo y contemporáneo en un edificio del siglo XVIII. Cerca del centro.

Alojamiento en la web

Amberes. Se puede encontrar una amplia relación de establecimientos desde 60 hasta unos 135 €.
- 🖥 www.bb-antwerp.be

Gante
- 🖥 www.bedandbreakfast-gent.be

Campings
- 🖥 www.camping.be

Albergues
- 🖥 www.jeugdherbergen.be

Ardennes-Etape está especializado en el alquiler de casas rurales y de casas para las vacaciones. Ofrece productos que abarcan desde la casa de gran lujo para veinte personas hasta la casa rural romántica para un fin de semana en pareja.
- 🖥 http://en.ardennes-etape.be/

Bed&Brussels
Estancias equipadas con todas las comodidades de un hotel desde 50 €.
- 🖥 www.bnb-brussels.be

- ✉ Place de Flandre 8
- ☎ 6 572 48 24
- 🖥 www.hotelstjames.be

Namur

The Royal Snail Hotel (M)
Un hotel boutique que ofrece a sus clientes 30 habitaciones personalizadas con una decoración contemporánea. Cuenta con un excelente restaurante, además de piscina y centro *wellness*.
- ✉ Avenue de la Plante 23
- ☎ 8 157 00 23
- 🖥 http://theroyalsnail.com

Les Tanneurs**** (M)
15 casas antiguas unidas unas a las otras albergan las 37 habitaciones de este hotel. Dos restaurantes. Idealo para los que están cansados de las cadenas.
- ✉ Rue des Tanneries 13
- ☎ 2 81 24 00 24
- 🖥 www.tanneurs.com

Plombières

B&B Opus35 (C)
Un clásico Bed & Breakfast renovado a partir del gusto por el diseño y el arte contemporáneo de sus dueños. Cuenta con dos tipos de habitaciones, ambas equipadas y confortables.
- ✉ Place Communale 35
- ☎ 2 87 78 30 90
- 🖥 www.opus35.com

Rendeux

Le Clos de la Fontaine
Una agradable granja cuya casa de piedra ha sido reconvertida en hotel rural en un pueblo típico de la región de las Ardenas. Acogedor, cómodo, tranquilo y familiar. Las habitaciones, decoradas de manera rústica, están bien equipadas.
- ✉ Rue de la fontaine 2. 6987 Chéoux (Rendeux)
- ☎ 2 84 47 77 01
- 🖥 www.leclosdelafontaine.be

Rochefort

La Malle Poste (C)
El hotel y su restaurante La Calièche están ubicados en una casa del siglo XVII. Un alojamiento ideal para el descanso y el paseo por los bosques de alrededor.
- ✉ Rue de la behogne 46
- ☎ 8 421 09 86
- 🌐 www.malleposte.net

Margot'l (M)
De la misma cadena que el anterior. Con el mismo encanto, pero de precios más económicos. Ubicado en el centro de Rochefort.
- ✉ Place Albert 1er 19
- ☎ 8 434 57 79
- 🌐 www.margotl.be

La Roche en Ardenne

Hostellerie La Claire Fontaine** (M)**
Un buen alojamiento para descansar en mitad de un bosque. A 2 km de La Roche en Ardenne. Las habitaciones, cada una con su propia decoración, tienen vistas al río o a una colina.
- ✉ Rue Vecpré 64
- ☎ (0)8441 2470
- 🌐 www.clairefontaine.be

Moulin de la Strument (E)
Situado en uno de los valles del corazón de las Ardenas. Un acogedor hotel de 8 habitaciones con restaurante privado para diferentes tipos de eventos.
- ✉ Petite Strument 62
- ☎ 84 41 13 80
- 🌐 www.strument.com

Tournai

Alcantara (M)
Hotel situado en el corazón de la ciudad en un bello edificio. Dispone de varios tipos de habitaciones, así como aparcamiento.
- ✉ Rue des Bouchers St Jacques, 2
- ☎ 6 921 26 48
- 🌐 www.hotelalcantara.be/tournai

Waterloo

Martin's Grand Hotel** (C)**
Un lujoso hotel ubicado en un lugar donde la historia cambió. Bien comunicado con Bruselas.
- ✉ Chaussée de Tervuren 198
- ☎ 2 352 18 15
- 🌐 www.martinshotels.com/fr/hotel/grand-hotel-waterloo

Dolce La Hulpe Brussels (C)
Ubicado en el bosque de Sonian, el cual le brinda un tranquilo ambiente muy cerca de Bruselas. Un resort con spa, gimnasio y tratamientos de *wellness* y, a la vez, hotel de negocios, con salas de reuniones.
- ✉ Chaussé de Bruxelles 135
- ☎ 2 290 98 00
- 🌐 www.dolcelahulpe.com

▌Ir de compras

Los dulces son un buen recuerdo de Bélgica, sobre todo el chocolate en sus diferentes sabores. La oferta de cervezas es espectacular y ya que muchos de los personajes de reconocidos cómics han nacido en este país, también es un detalle comprar algunos de esos cómics que protagonizan. Los diamantes son punto y aparte.

BRUSELAS

Moda

Hay tres zonas principales donde poder disfrutar de las compras: **Rue Antoine Dansaert,** donde se encuentran las tiendas de los diseñadores belgas; **Rue Neuve,** donde se concentran las principales marcas de consumo. Además, cuenta con el centro comercial City 2 y el Passage du Nord, una galería estilo Belle Époque. Y las calles **Louise, Namur, Avenue de la Toison D'Or** y **Bulevard Waterloo,** largo paseo custodiado por las más importantes y reconocidas firmas internacionales.

Bison 4
Mucho más que una simple tienda de ropa urbana de segunda mano. Se trata de un espacio minimalista y *trendy* donde conviven arte y estilo de vida. Piezas únicas de marca a buenos precios.
✉ Rue des Teinturiers 4

Christian Louboutin
Tienda del rey francés del calzado femenino en el barrio de Sablon. No apto para todos los bolsillos.
✉ Place du Grand Sablon, 21
🕭 eu.christianlouboutin.com

El chocolate belga

La historia de este manjar está de alguna manera ligada a Bruselas y a todo Bélgica, que cada año produce 172.000 toneladas de chocolate. Los pralinés son la especialidad de Bruselas, chocolates rellenos de sorprendentes mezclas a base de caramelo y almendras. Los pralinés fueron unos de esos inventos que nacen por casualidad. El cocinero del Duque de Plessis-Praslin, derramó por accidente caramelo sobre unas almendras y de esto resultó una deliciosa masa carmelizada, que más tarde fue perfeccionada por los maestros chocolateros belgas, quienes convirtieron la masa en el corazón de sus pralinés cubiertos por capas finas de chocolate.

Monsel
Un universo de sombreros con estilo, paraguas y bastones. Desde 1847.
✉ Galerie de la Reine, 4
🕭 www.monsel.be

Stijl
Una gran selección de las mejores marcas de ropa de diseño belga y asesoramiento personalizado. Desde mediados de los ochenta.
✉ Rue Antoine Dansaert 74
🕭 www.stijl.be

Conni Kaminski
Marca de diseño de ropa femenina ética y sostenible fabricada en Bélgica. En el centro histórico de Bruselas, tienda y taller.
✉ Kolenmarkt, Rue du Marché au Charbon Kolenmarkt 102
🕭 www.connikaminski.com

Reservoir Store
Selección de ropa para hombres y mujeres, accesorios, zapatos y zapatillas.
✉ Rue Lesbroussart 43a
🕭 www.reservoir-store.com

Isabelle Bajart
Tienda de ropa de segunda mano. Cada temporada trae algo nuevo y a precios asequibles.
✉ Rue des Chartreux 25
🕭 https://isabellebajart.be

Diseño/muebles

La Fabrika
Pasión y amor por el diseño. Muebles, textiles, accesorios y más. Todo con mucho estilo.
✉ Rue Antoine Dansaert 182A
🕭 www.lafabrika.be

Joyas

Christa Reniers
Una de las diseñadoras de joyas más apreciada en Bélgica. Sus creaciones se inspiran en la naturaleza para moldear piezas únicas.
✉ Rue du Vieux Marché aux Grains 65
🕭 https://christareniers.com

Leysen
Prestigiosa joyería desde 1855 fundada por la familia de joyeros Leysen.

Place du Grand Sablon 14
www.leysen.eu

Skin&Soul Jewellery
Piezas de plata y oro hechas a mano y joyas inspiradas en la naturaleza.
Rue Faider 121
https://martinehermans.com

Libros

Taschen
Elegante librería con una gran variedad de los libros del sello Taschen. Destacan los de gran tamaño.
Pl. du Grand Sablon 35
www.taschen.com

Peinture Fraîche
Tienda de libros artísticos.
Rue Lesbroussart 9 & 39
https://peinture-fraiche.be

Pêle-Mêle Brussel
Tienda de libros de segunda mano para comprar y vender.
Bd Maurice Lemonnier, 59
https://pele-mele.be/bruxelles

AMBERES

Meir es la calle comercial por excelencia de la ciudad y una de las más concurridas del país. Se recomienda para los amantes de las compras, el paseo

Jezusstraat-Leysstraat-Meir-Wapper. Del mismo modo, hay que perderse por el Wilde Zee; un laberinto de callejuelas que limita con el barrio del Teatro, el barrio de San Andrés y el casco histórico. Y por supuesto caminar por Nationalstraat. Para los más jóvenes se recomienda descubrir Kammenstraat.

Moda

Modepaleis Dries Van Noten
Una oda a la moda del diseñador local Dries Van Note.
Nationalestraat 16
www.driesvannoten.com

Garde-robe Nationale
Prendas de la marca belga Magdalena diseñadas por Nathalie Lachat.
Nationalestraat 72
www.garde-robe-nationale.be

Labels Inc
Prendas de diseñadores belgas a precios algo más económicos, "previamente amadas" (de segunda mano).
Nationalestraat 75
https://labelsinc.be

Thiron
Una zapatería donde venden modelos belgas e internacionales.
Sint-Antoniusstraat 2
https://thiron.com

Diseño/muebles

Espoo. Design Shop
Inspiradora sala de exposición de 400 m^2 con muebles minimalistas, accesorios de moda y sofisticadas lámparas.
Kloosterstraat 75
www.espoo.be

Ivonne
Venden y compran muebles antiguos y curiosidades vintage.
Vlasmarkt 16
www.ivonne.furniture

Joyas

Wouters & Hendrix
Diseñadoras de joyas elegantes pero atrevidas, exclusivas y asequibles.
Steenhouwersvest 52
https://wouters-hendrix.com

Ruys Juweliers
Desde el siglo XIX llevan diseñando joyas. La joyería está ubicada en una mansión con un escaparate que no deja indiferente a quien lo ve.
Sin-Jorispoort, 26
https://ruys.be

Majoral
Joyas únicas y originales hechas a mano.
Schuttershofstraat 38
www.majoral.com

Libros

Alta Via
Libros de viajes y mapas.
Nassaustraat, 29
www.altaviatravelbooks.be

Stripwinkel Beo
Tienda de cómics. Amplísima gama de cómics nuevos, de segunda mano y antiguos. También camisetas, títeres, coches pequeños y tazas.
Oudevaartplaats 16
https://stripwinkelbeo.be

Llevar a los niños

BRUSELAS

La ciudad de Bruselas cuenta con un gran número de lugares para toda la familia. Durante la visita los niños, además de divertirse, aprenden y descubren sobre la historia y la cultura belga de una manera amena e interactiva. Lo mismo se puede decir al respecto de la gastronomía, las patatas fritas y el chocolate que harán las delicias de toda la familia. Más información en https://kidsgazette.be

Lugares a los que ir con niños

Museo de Ciencias Naturales
- ✉ Rue Vautier 29
- ⏱ De martes a viernes de 9.30 h a 17 h y sábados y domingos de 10 h a 18 h
- 💻 www.naturalsciences.be
- 🎫 13 €

Mini-Europe
Parque en miniatura con 350 maquetas a escala 1:25. Un paseo de dos horas, permite descubrir los 27 países miembros de la Unión Europea más el Reino Unido.
- ✉ Brupark
- ⏱ De 10 h a 18 h
- 💻 www.minieurope.com
- 🎫 19 €

Belgian Chocolate Village
Se trata de 900 m² dedicados a la historia y al proceso del cacao que deriva en el chocolate. El producto estrella es su **Invernadero Tropical**, un lugar que reproduce las condiciones en las que crecen el cacao y las plantas que conviven con él en su hábitat natural (bananos, chile, pimienta,

vainilla, genjibre). El complejo se encuentra en el barrio de Koekelberg, cuyo pasado industrial está intrínsecamente ligado al chocolate: desde finales del siglo xix se instalaron en él empresas chocolateras como *Victoria,* a la que se unieron *Jacques, Meurisse* o *Côte d'Or.* Por supuesto, hay degustación de chocolate.
- ✉ Rue de Neck 20
- ⏱ De martes a domingo de 9 h a 18 h
- 💻 www.belgianchocolate-village.be
- 🎫 8 €

Otras actividades
También se puede ir con los peques a un espectáculo de **títeres** (www.guignolet.brussels) y para que la experiencia sea redonda se puede dormir en el **FunKey Hotel** (Rue Artan 116 www.funkeyhotel.com), un hotel dedicado a los niños.

AMBERES

Zoo
En las instalaciones del zoo existen más de 7.000 animales y 950 especies. Este zoológico es uno de los más vetustos del mundo, data del año 1843. Parte de su encanto radica en sus pabellones históricos. El zoo desempeña un papel precursor en materia de conservación de la naturaleza, con un centro destinado a la investigación del mundo animal. Especies destacadas del zoo son: pingüinos, leones marinos, reptiles, aves, etc.
- ✉ Koning Astridplein, 26
- 💻 www.zooantwerpen.be
- ⏱ Invierno, de 10 h a 16 h; verano, de 10 h a 18 h
- 🎫 27,50 €

Plopsa Station
Se trata de un parque ambientado con personajes famosos del cómic belga. La idea es que los niños vivan las aventuras de sus personajes favoritos a través de las diferentes zonas en las que se divide el parque. Dentro del mismo hay espectáculos donde ver películas en 3D.
- ✉ Kievitplein
- ⏱ De 10.30 h a 16.30 h y fines de semana de 10 h a 17.30 h
- 🎫 27,50 €; precios reducidos para los niños
- 💻 www.plopsastationant-werp.be

MALINAS

Zoológico de Planckendael
Este zoológico cuenta con numerosos mamíferos, aves de todo tipo, un pueblo africano, una isla de chimpancés, un "continente australiano", y un sinfín de atractivos más. Para llegar hasta él también existe la posibilidad de acceder a él en barco en un agradable paseo.
- ✉ Leuvensesteenweg 582
- ⏱ Invierno, de 10 h a 16 h; verano, de 10 h a 18 h
- 💻 www.planckendael.be
- 🎫 29,50 €; precios reducidos para los niños

Technopolis
A las afueras de la ciudad, es un parque científico interactivo que acerca de forma didáctica el mundo de la ciencia a los niños. Numerosos talleres y exposiciones.
- ✉ Technopolis, Technologielaan, 2800 Mechelen
- ⏱ De 9.30 h a 17 h
- 💻 www.technopolis.be
- 🎫 26 €; precios reducidos para los niños

BRUJAS

Historium
Es una atracción turística muy interesante, con paneles interactivos que trasladan al visitante a vivir el ambiente medieval de la ciudad.
- Markt 1
- De 11 h a 18 h
- www.historium.be
- 25 €

MONS

Parque de aventuras científicas
En SPARKOH! los niños y mayores aprenden divirtiéndose, gracias a sus exposiciones interactivas.
- Rue de Mons 3. 7080 Frameries
- Mirar horarios en la web
- https://sparkoh.be
- 25 €

Muséum regional des Sciences naturelles
Este museo es ideal para descubrir la naturaleza y la biodiversidad.
- Rue des Gailliers, 7. 7000 Mons
- Actualmente cerrado por restauración; consultar fecha de reapertura
- http://environnement. wallonie.be/museum-mons

▌Divertirse

CAFÉS

Bruselas

Aksum Coffee House
Recogido espacio, con decoración inspirada en Africa, donde poder degustar café de Etiopía.
- Galerie du Roi 3

Or Coffe Espresso Bar
En el barrio Europeo, un buen sitio donde tomar café y algún que otro dulce.
- Place du Jourdan 13A
- www.orcoffee.be

Corica Grand Place
Establecimiento donde cada uno se recoge el grano con el que desea prepararse su café.
- Marché aux Poulets 49
- http://corica.be

Le Fontainas
Este lugar tiene una terraza para ver y ser visto. Decoración kitsch. Ideal para entretenerse mientras se toma algo.
- Rue Marché aux Charbon 91
- http://lefontainas.be

Amberes

Me & My Monkey
Ideal para tomar un café *lungo o macchiato* (o cualquier otro de su amplia variedad) acompañado de sabrosas tartas o bizcocho casero.
- Oever 18
- Todos los días de 11 h a 18 h

Café Shiling
Cuenta con una espaciosa terraza, ideal para tomar un café mientras se lee la prensa, si el tiempo acompaña.
- Graaf Van Egmonstraat 60
- www.cafeshilling.be

Den Draak
Un lugar de referencia para la comunidad LGTB en la ciudad donde todo el mundo es bienvenido. Aquí se informa sobre actividades culturales y de ocio para el público LGTB. En verano su terraza simula una playa.
- Draakplaats 1
- www.dendraak.be

Museumcafé MIKA
El Middelheimmuseum es un inmenso parque de esculturas con 400 obras de arte. Su café MIKA, cuenta con una preciosa terraza encantadoramente rodeada por un estanque y un castillo. Bebidas y sabrosas cervezas durante todo el día, además de deliciosos platos.
- Middelheimlaan 63
- www.mi-ka.be

Lieja

Casa Ponton Café
Cafés, cerveza y gente de todas las edades. Toda una referencia en la ciudad.
- Rue de la Cité 7

CERVECERÍAS

Bruselas

La capital belga demuestra que Bélgica es el país de la cerveza. Son numerosos los lugares donde poder degustar la infinita variedad que se produce aquí.

A la Bécasse
Bar rústico que sirve platos con un sabor original e intenso.
- Rue Tabora 11
- https://alabecasse.com

Toone
Taberna en un teatro de marionestas. Cierra lunes y martes.
- Rue du Marché-Aux-Herbes 66 Impasse Sainte-Pétronille
- www.toone.be

Delirium Village
En un callejón al lado de la Grand Place. Se pueden degustar más de 2.000 cervezas de todo el mundo.
- Impasse de la Fidelité, 4
- www.deliriumvillage.com

A la Mort Subite
✉ Rue Montagne aux
Herbes Potagéres 7
🕐 https://alamortsubite.com

Nuetnigenough
✉ Rue du Lombard 25
🕐 www.nuetnigenough.be

Poechenellekelder
✉ Rue du Chêne 5
🕐 www.poechenellekelder.
be

La Porte Noire
Cerveza, whisky y ron.
✉ Rue des Alexiens 67
🕐 www.laportenoire.be

Amberes

De Koninck
Cervecería con visitas li-
bres, catas y terraza.
✉ Mechelsesteenweg 291
🕐 www.dekoninck.be

Bier Central
Más de 300 variedades de
cerveza.
✉ De Keyserlei 25
🕐 www.biercentral.be

Oud Arsenaal
Una tasca de los años
veinte que tiene una am-
plia selección de cervezas
locales y de barril.
✉ Maria Pijpelincxstraad 4
🕐 www.dorstvlegel.be

Malinas

Het Anker
En la fábrica de cervezas
Carolus. Mesas de made-
ra maciza y ambiente de
taberna.
✉ Guido Gezellelaan 49
🕐 www.hetanker.be

CLUBS DE JAZZ

Bruselas

L'Archiduc
Legendario club de esti-
lo art déco que desde el
año 1937 cita a grandes
músicos del jazz, como
Miles Davis, Nat King Cole
y Jacques Brel. Hoy hace lo
mismo con estrellas confir-
madas y en alza.
✉ Rue Antoine Dansaert 6
🕐 www.archiduc.net

Jazz Station
Instalado en una antigua
estación de tren reforma-
da. La decoración interior
evoca el mundo del jazz.
Sede de la asociación Les
Lundis d'Hortense the
Belgian jazz, fundada por
músicos en el año 1977
(www.leslundisdhortense.
be).
✉ Chaussée de Louvain
193/A
🕐 www.jazzstation.be

Sounds Jazz Club
Este local está impregnado
de un ambiente típico de
Nueva Orleans y Chicago
en el barrio de Ixelles. Un
must para los amantes
del jazz.
✉ Rue de la Tulipe 28
🕐 www.sounds.brussels

Amberes

De Muze
Conciertos de jazz todos
los días a partir de las
22 h. Los fines de semana
está abierto hasta las 3 h.
Se cobra un pequeñísimo
extra por la consumición
durante las actuaciones
(0,50 €). No es posible
reservar.
✉ Melkmarkt 15
🕐 http://jazzcafedemuze.be

Brujas

De Werf
Una sala especializada en conciertos de música jazz, así como otro tipo de eventos musicales y teatrales.
✉ Werfstraat 108
🖥 www.kaap.be

Lieja

Jacques Pelzer Jazz Club
En este local no hace falta reservar para asistir a los conciertos.
✉ Bv. Ernest Solvay, 493
🖥 www. jacquespelzerjazzclub.com

Coco Bar
Animado bar situado en la plaza de Luxemburgo, lugar de encuentro de la comunidad internacional que se cita en Bruselas.
✉ Place du Luxemburg 10

Amberes

Revista
Un lugar acogedor entre periódicos y revistas para disfrutar de una copa de vino.
✉ Karel Rogierstraad 47

Caffè Barbossa
Música en vivo y posibilidad de comer algo mientras se beben sabrosos cócteles, vinos o licores.

Strange
El bar gay más antiguo de Amberes. Decorado con imágenes de modelos soviéticos y ambientado con música de los 70, una mezcla entre *Abba* y *The Strangers*.
🖥 www.cafe-strange.be

Lieja

En Lieja es famoso su «carré», un barrio festivo, joven y dinámico en el que se cita todo el mundo para vivir sus noches más animadas. Una ocasión para saborear las especialidades cerveceras o gastronómicas de la región.

BARES

Bruselas

Cafe Belga
Un símbolo del barrio de Flagey. Registra un ambiente cosmopolita y muy animado tanto por el día como por la noche. Se puede tener la suerte de disfrutar de un concierto sorpresa.
✉ Place E. Flagey 18E
🖥 cafebelgabrussels

Flamingo
Posiblemente el bar más grande de la ciudad, de 400 m² más una terraza.
✉ Lakensestraat 177
🖥 www.flamingobrussel.be

✉ Esquina Mechelseplein/ Sint-Jorispoort 1
🖥 www.caffe-barbossa.be

Bar Paniek
Junto a la grúa más antigua de la ciudad, Welvaert, un lugar perfecto para disfrutar de una copa y del ambiente.
✉ Kattendijkdok-Oostkaa 21B

Bar Buenos Aires
Un local de sabor argentino en pleno Amberes, que ofrece empanadas y mojitos. Su fachada se reconoce fácilmente por sus tonos blancos y azules.
✉ Koepoortbrug 3
🖥 www.bar-buenosaires. com

Blues-sphere Bar
Organiza jam sessions con artistas internacionales y otros eventos musicales.
✉ Rue Surlet 37
🖥 www.blues-sphere.com

DISCOTECAS

Bruselas

Fuse
Uno de los mejores clubs techno de Europa. Un referente a nivel internacional.
✉ Rue Blaes 208
🖥 www.fuse.be

Spirito Brussels
Un lugar de culto en la noche de Bruselas. Ubicado bajo las bóvedas de

una iglesia anglicana, está distribuido en dos plantas.

- ✉ Rue de Stassart 18
- 🌐 www.spiritobrussels.com

Recyclart

Música electrónica de vanguardia y ambiente *underground* en una antigua estación reconvertida en espacio cultural poco amigo de los convencionalismos. También centro de producción artesanal y restobar.

- ✉ Rue de Manchester 13

Amberes

Café D'Anvers

Este café está ubicado en antigua iglesia transformada en un club de música electrónica.

- ✉ Verversrui 15

Cargo Club

Un local donde tienen cabida todos los públicos Música y otros espectáculos esperan en este lugar que no deja a nadie indiferente.

- ✉ Lange Schipperskapelstraat 11-13
- 🌐 www.cargoclub.be

Lieja

Le Pot au Lait

Se autocalifican como el bar más loco del mundo. Su clientela se compone tanto de estudiantes como de adultos.

- ✉ Rue Soeurs-de-Hasque 9
- 🌐 www.potaulait.be

ESPECTÁCULOS

Bruselas

La Monnaie

La Ópera de Bruselas, lugar ideal donde se pueden ver conciertos de orquestas, coreografías y óperas.

- ✉ Place de la Monnaie
- 🌐 www.lamonnaiedemunt.be

Flagey

Espacio cultural dedicado a la cultura en todas sus manifestaciones, cine, música, exposiciones, danza, etc.

- ✉ Place Sainte-Croix
- 🌐 www.flagey.be

BOZAR

Espacio en el que se homenajea a la música de todos los tiempos: clásica, barroca, jazz, etc. También teatro, exposiciones y proyecciones.

- ✉ Rue Ravenstein 23
- 🌐 www.bozar.be

Forest Nacional

Sala con un aforo para 8.000 personas donde se se interpretan muchos estilos de música.

- ✉ Avenue Victor Rousseau 208
- 🌐 www.forest-national.be

Ancienne Belgique

Conciertos de rock y pop.

- ✉ Boulevard Anspach 110
- 🌐 www.abconcerts.be

Cirque Royal - Koninklijk Circus

Centro de artes escénicas con auditorio circular y programa de espectáculos de danza, comedia y música en directo.

- ✉ Rue de l'Enseignement 81
- 🌐 www.cirqueroyalbruxelles.be

Palais 12

Grandiosa sala polivalente con capacidad para 15.000 personas

El país de la cerveza

Se puede decir que Bélgica es el país de la cerveza por la auténtica diversidad de estilos que se puede encontrar en su geografía. Hay diferentes maneras de elaborarla a partir de ingredientes básicos como el agua, grano, levadura de cerveza y frutos del lúpulo. Gracias a sus distintos procesos de producción es posible beber una cerveza rubia de color ámbar, de trigo blanco, de color rojo y hasta las que preparan los monjes.

Cerveza blanca: es suave, de un color pálido y de espuma blanca. No está filtrada desde su fermentación. Suele servirse con limón y cilantro, lo que le brinda un sabor refrescante. La marca más emblemática es la de *Hoegaarden* (Lovaina).

Cerveza trapista: son las que preparan los monjes trapistas dentro de sus monasterios. Es una de las más famosas y se sirve en dos modalidades: la dorada y la negra. Es suave al gusto, pero fuerte ya que tiene una graduación alcohólica del 11%. Una de sus principales características es que su fermentación se produce en la botella. Una de las más destacadas es *Glorius Bronze Triple*.

Cerveza roja: se produce principalmente en la zona flamenca. Fermenta durante algo más de un año en grandes cubas de roble. Ahí se le añade *lactobacillus,* la misma bacteria que se emplea para elaborar yogur. Tiene un color rojo oscuro y denso. El sabor es fuerte y ácido, aunque con cierto gusto afrutado, y un cuerpo espeso.

✉ Av. de Miramar
📞 https://ing.arena.brussels

Amberes

Se venden entradas a mitad de precio el día del espectáculo en el Centro de Información Cultural (Wisselstraat 12). Más información en https://visit.antwerpen.be.

Opera Antwerpen
Ubicada en un edificio neobarroco, abrió sus puertas en 1907. Óperas en varios idiomas y ballet.
✉ Frankrijklei 1
📞 www.operaballet.be

Teatro Bourla
Teatro y conciertos.
✉ Komedieplats 18
📞 www.toneelhuis.be

Filmhuis Klappei
En esta pequeña sala se proyecta cine de autor.
✉ Klappeistraat 2
📞 www.klappei.be

De Studio
Un centro cultural en el que se pueden ver espectáculos de danza contemporánea, musica-

les, conciertos, títeres y numerosas exposiciones.
✉ Maarschalk Gerardstraat 4
📞 www.destudio.com

De Singel
Constituye uno de los mejores lugares para ver danza, conciertos y espectáculos circenses.
✉ Desguinlei 25
📞 www.desingel.be

Teatro Arenberg
Cabaret, teatro y otros muchos géneros.
✉ Arenbergstraat 28
📞 www.arenberg.be

Brujas

Concertgebouw
Moderno edificio.
✉ Het Zand 34
📞 www.concertgebouw.be

Lieja

Real Orquesta Filarmónica de Lieja
✉ Boulevard Piercot 25-27
📞 www.oprl.be

Le Forum
Sala de conciertos.
✉ Rue Pont d'Avroy 12
📞 www.leforum.be

▌Fiestas y festivales

Enero

1 de enero, **Año Nuevo.** Festival internacional de cine de Bruselas.
Feria de anticuarios en el palacio de Bellas Artes de Bruselas.
Festival de la Luz en Gante. Gracias a una sofisticada iluminación, la ciudad exibe sus secretos de noche.

Febrero

Carnavales. Desfiles y fiestas en todo el territorio nacional. Los más vistosos son los de Binche al sureste de Bruselas, los de Eupen y los de Malmédy. En Lieja renace a mediados de Cuaresma con los *Blancs Moussis*.
Festival de música clásica de Brujas.
Festival del cómic y cine de dibujos animados en Bruselas.

Marzo

Ars Música en Bruselas. Festival de música contemporánea con artistas de todo el mundo.
Festival de Cine Novo en Brujas. Se proyectabn películas de directores noveles de África, Asia y Latinoamérica.

Abril

Festival de Flandes. Música clásica internacional con conciertos que se celebran en monumentos de interés histórico-artístico en toda la región de Flandes.
Apertura de los Serres Royales o invernaderos reales propiedad de la familia real belga en Bruselas.

Mayo

1 de mayo, día del trabajo.
Kattespel. El juego de los gatos se celebra en Ypres y consiste en tirar gatos de peluche desde el campanario de la iglesia.
Jueves de Ascensión.
Procesión de la Sagrada Sangre en Brujas. Se celebra cada año el día de la Ascensión en honor a las gotas de sangre de Cristo guardadas como reliquia en la basílica de Brujas. De evocación medieval.
Lunes de Pentecostés (día 12).
Maratón de Jazz en Bruselas. El último fin de semana de mayo con escenarios y música en directo en toda la ciudad.
Kunsten Festival des Arts. Música, ópera y teatro en las calles de Bruselas desde mediados de mayo hasta final de mes.

Junio

Ommegang en Bruselas. Festival medieval que data del siglo XIV. Es uno de los acontecimientos más interesantes de Bruselas. La procesión sale de la Place du Grand Sablon y termina en un gran baile en la Gran Place.
Festival de moda de Amberes. Uno de los desfiles de moda más extravagantes de Europa, se celebra en el Handelsbeurs.

Julio

10-days-off. La mayor fiesta de música rave de Europa tiene lugar en Gante. El **11 de julio** festividad en la zona flamenca
Día Nacional Belga. Se celebra el 21 con una procesión militar y presencia de autoridades y realeza en el Parc de Bruxelles.
Festival Stinks de música de Amberes. Música internacional a finales de mes en Boechout.

Agosto

Meiboom. El día 9 se celebra el festival del árbol de mayo en Bruselas. Desfile de gigantes desde el Sablon a la Grand Place donde se planta un tronco y la gente baila alrededor.
Tapis des Fleurs. Se celebra cada dos años. La Grand Place se cubre con una alfombra de flores.

Septiembre

Festival de la cerveza. A principios de mes la Grand Place de Bruselas, se convierte en punto de degustación de las mejores cervezas belgas.
Les Nuits Botaniques. A mediados de mes en el Botanique de Bruselas se celebra un festival de música pop y rock internacional.
Semana de la Moda de Amberes.

Noviembre

1 de noviembre, **Día de Todos los Santos.**
11 de noviembre, **Día del Armisticio.** El 15 de noviembre (Fiesta de la comunidad alemana).

Diciembre

Helleschman. Feria de los enamorados en Arlore.
25 de diciembre (**Navidad**) **Marché de Nöel** en Bruselas. Mercadillo navideño en la Grand Place.
Pistas de hielo al aire libre en Bruselas, Amberes y Brujas.

Información práctica

ANTES DE VIAJAR

Embajadas y consulados

Embajada de Bélgica en España
- Paseo de la Castellana 18. 6º piso. 28046 Madrid

Embajada de España en Bélgica
- Rue de la Science,19 - 1040 Bruselas
- www.exteriores.gob.es/Embajadas/bruselas/es/Paginas/index.aspx

Consulado de Bélgica en España
Hay en las ciudades de Barcelona, Alicante y Santa Cruz de Tenerife
- www.spain.diplomatie.belgium.be

Consulado de España en Bruselas
- Rue Ducale, 85-87. 1000 Bruselas
- www.exteriores.gob.es/Consulados/BRUSELAS

Instituto Cervantes en Bruselas
- http://bruselas.cervantes.es/es/default.shtm
- Av. Louse 140
- 32 (2) 7370190

Documentación
En cuanto a la documentación para viajar a Bélgica hay que llevar: pasaporte o DNI en regla y permiso de conducir (válido el nacional).

Seguro médico y sanidad belga
Seguro de viaje (es aconsejable) y tarjeta de la Unión Europea de la Seguridad Social (útil en caso de urgencias médicas). Se puede solicitar a través de este enlace: *https://seg-tarjetasanitariaeuropea.es.*
Las visitas al médico se pagan en la misma consulta. Hay que pedir factura al médico y de las medicinas en la farmacia y guardarlas. Para su reembolso hay dos opciones: presentar la factura en la oficina de la Seguridad Social belga *(mutualiteit/mutualité)* más cercana y reembolsarán una parte (no suele ser el 100 % y siempre mediante transferencia bancaria, por lo que hace falta dar un número de cuenta bancaria SWIFT/IBAN). O bien, ya de vuelta, presentar las mismas facturas en la oficina de la Seguridad Social española. Esta se pondrá en contacto con la Seguridad Social belga y tramitará el reembolso.
Si se tiene alguna dolencia menor, se puede consultar con un **farmacéutico**. Horarios de farmacias de 8.30 h a 12 h y de 13.30 h a 18 h; sábados por la tarde y domingos cerradas. Para casos más graves, se puede pedir la dirección de un **médico** u **hospital local** en las comisarías de policía. En caso de **emergencia,** marcar el 100 (llamada gratuita) para solicitar una ambulancia. Teléfono de la policía: 101.

Viajeros con diversas discapacidades
Se puede acceder a toda la información sobre la accesibilidad de las infraestructuras hoteleras, restau¬rantes, espacios comerciales, deportivos o de ocio clicando en *https://handy.brussels.* Para más información sobre cómo viajar con discapacidad conviene visitar la web *www.access-info.org/es.*

Cómo ir
En Bélgica hay varios aeropuertos:
El aeropuerto de **Bruselas**-**Zaventem** *(www.brusselsairport.be)* se encuentra a 15 km al noreste de Bruselas. En el mismo aterrizan y despegan aviones procedentes de y con destino a: Madrid, Barcelona, Valencia, Alicante, Málaga, Sevilla, Bilbao y Lanza-

rote, fletados por las aerolíneas: Brussels Airlines, Ryanair, Vueling, Transavia e Iberia. En ocasiones y en temporada Tui opera vuelos chárter. El aeropuerto en cuestión cuenta con una estación de tren desde la que parten cuatro trenes con destino a Bruselas Norte, Bruselas Central y Bruselas Sur. El trayecto dura entre 20 y 30 minutos. Para más información visitar la web *www.belgianrail.be*.

Brussels South Charleroi Airport. En el mismo aterrizan y despegan aviones procedentes de y con destino a: Madrid, Barcelona, Valencia, Sevilla, Málaga, Alicante, Almería, Asturias, Santander, Castellón, Girona, Reus, Santiago de Compostela, Zaragoza, Vitoria, Tenerife, Fuerteventura, Lanzarote, Las Palmas de Gran Canaria, Palma de Mallorca, Ibiza y Menorca, todos ellos fletados por Ryanair. Existe un servicio de autobús entre el aeropuerto de Charleroi y la estación de tren Bruselas Sur. Sale 30 minutos después del aterrizaje de cada vuelo. El autobús desde Bruselas Sur hacia el aeropuerto sale desde la Rue de France/Rue de l'Instruction, enfrente del acceso sur de la estación, dos horas y media antes de la hora de despegue de cada vuelo. Más información en: *www.brusselsairport.be* y *www.brussels-charleroi-airport.com*.

Aeropuerto de Deurne (Amberes), *www.antwerp-airport.com.* En el mismo aterrizan y despegan aviones procedentes de y con destino a: Alicante, Málaga, Murcia, Ibiza, Palma de Mallorca, Las Palmas de Gran Canaria y Tenerife, todos ellos vuelos tipo chárter. El aeropuerto en cuestión está comunicado por tren con el resto de las ciudades belgas.

Aeropuerto de Ostende-Brujas *(www.ostendbruges-airport.com).* En el mismo aterrizan y despegan aviones procedentes de y con destino a: Alicante, Málaga, Murcia, Ibiza, Palma de Mallorca, Las Palmas de Gran Canaria y Tenerife, todos ellos vuelos tipo chárter. Un autobús lleva en 15 minutos a la estación de trenes de Ostende.

A Bélgica, desde España, también se puede ir en **coche y/o en tren,** aunque la distancia es larga y, a lo mejor, no merece la pena el tiempo empleado para hacer dicho viaje.

▍Cuándo ir

Cualquier época del año es buena, aunque en realidad la mejor es la primavera. También se puede hacer coincidir el viaje con fiestas señaladas como Semana Santa, Navidad o Carnaval, lo que hará, por otro lado, que el viaje salga más caro, al ser temporada alta.

Qué llevar

En primavera y verano, lo ideal es ir provisto de gafas de sol, gorra, zapatillas cómodas, jersey o chaqueta y protector solar. En invierno y otoño, chubasquero, botas y ropa de abrigo.

El paraguas es imprescindible en cualquier época, pues la característica más destacada del clima belga es su inestabilidad. Si vamos a movernos por nuestra cuenta, viene bien un mapa de carreteras y un par de diccionarios (español-flamenco y español-francés).

DURANTE LA ESTANCIA

Por ser Bruselas la capital de Bélgica, la ciudad que suele ser la principal puerta de entrada de los turistas españoles, a continuación se explica cómo ir del aeropuerto al centro de Bruselas.

Desde el aeropuerto Bruselas-Zaventem

Hay tres **trenes** cada hora que conectan el aeropuerto con Bruselas en ambos sentidos. Desde las 05.30 h hasta las 0.30 h. El trayecto dura unos 20 minutos. El **bus Airport Line** 12 y 21 conecta el aeropuerto con la ciudad. El trayecto dura unos 30 minutos. Trasladarse desde el aeropuerto al centro de la ciudad en **taxi** cuesta alrededor de 50 €.

Transportes interurbanos

Bruselas está muy bien conectada por **tren** a todas las ciudades belgas y europeas como Ámsterdam, Londres o París.

Más de 60 millones de europeos pueden desplazarse hasta Bruselas en menos de dos horas viajando en **trenes de alta velocidad**. El principal punto de llegada de este medio de transporte es la Gare du Midi, que tiene conexión con las estaciones du Nord, Centrale, Luxembourg y Schuman.

Los trenes belgas disponen de un horario muy amplio y la mayoría de las ciudades están muy bien conectadas. Hay fórmulas muy habituales, como ver dos ciudades que se encuentran en la misma línea en un mismo día. Por ejemplo, ir de Bruselas a Brujas haciendo una pequeña parada en Gante. O visitar Amberes y Malinas en el mismo día. Para horarios y reservas se pueden consultar las webs, *www.belgianrail.be* y www.b-europe.com.

Transporte urbano público

Bruselas cuenta con una red de metro, autobuses y tranvías que abarcan toda la ciudad. Dado el tamaño de la capital belga gran parte de la visita se puede hacer caminando. El uso del transporte público es sencillo gracias a la clara señalización y numeración de sus vehículos. Más información sobre planos, horarios y tarifas en *www.stib-mivb.be*.

Existe un servicio de taxis colectivos nocturnos muy práctico que funciona desde las 23 h hasta las 6 h de la madrugada. Más información en *www.collecto.org*. Para el alquiler de bicicletas visitar la página *www.villo.be* y *www.provelo.org*.

Lo mismo ocurre con **Amberes**, se puede recorrer a pie o en las bicicletas Velos: *www.velo-antwerpen.be*, para trayectos cortos, para los más largos se pueden usar las de Fietshaven, Freewieler o De Ligfiets.

Para el transporte público es recomendable utilizar un billete de diez viajes. También hay un buen servicio de taxis. **Brujas** y **Gante** cuentan con una completa y eficaz red de transporte público.

En coche

En las autopistas belgas no hay peajes. La red de carreteras nacionales está en buen estado de conservación y como las distancias son cortas, el coche es un medio de transporte muy válido para desplazarse. Las normas de circulación son: 120 km/h en las autopistas, en carretera 90 km/h y en ciudad 50 km/h. El uso del cinturón de seguridad es obligatorio en todos los asientos. No está permitido hacer uso del teléfono móvil mientras se conduce.

Se puede conducir en Bélgica haciendo uso de la documentación española y la gasolina cuesta más que en España. Para más información en relación a la conducción en Bélgica visitar *www.touring.be*.

Horarios

Bancos: de lunes a viernes, de 9 h a 16 h aproximadamente, y cierran una hora al mediodía para comer. **Correos**: de lunes a viernes, de 9 h a 12 h y de 14 h a 17 h aproximadamente. **Tiendas**: de lunes a sábado de 10 h a 18 o 19 h. **Bares y restaurantes**: los flamencos suelen comer entre las 12 h y las 14 h y cenar entre las 18 h y las 20.30 h. Para merendar recomendamos las deliciosas crêpes, gofres y las tartas flamencas que se sirven en los cafés a partir de las 14 h. **Museos**: suelen abrir de 10 a 17 h y cierran los lunes.

Propinas

Casi siempre está incluida en el precio. Si se quiere dar una pequeña gratificación extra, por ejemplo, en cines, teatros, baños públicos, camareros, mozos de

Oficinas de turismo

Turismo de Bélgica: Flandes y Bruselas
- Moll de Barcelona s/n- Pl. 6ª. 08039 Barcelona
- 93 508 59 90
- www.visitflanders.com. Para pedir información turística, llamar de lunes a viernes de 9 h a 13.30 h al 93 508 59 90

Oficina de Turismo de Bélgica: Bruselas y Valonia
- 93 272 26 01
- https://visitwallonia.es

Brussels Info Place (BIP)
- Rue Royale 2 y en la Grand Place
- https://visit.brussels/es

Amberes
- Grote Markt 13 Kon. Astridplein, en la Estación Central
- https://visit.antwerpen.be

Malinas
- https://visit.mechelen.be

Lovaina
- Townhall, Naamsestraat 3
- www.visitleuven.be

Gante
- Sint-Veerleplein, 5
- www.visit.gent.be

Brujas
- Stationsplein
- www.visitbruges.be

Mons
- Grand-Place, 27
- www.visitmons.be

estación y personal del hotel, desde 1 y hasta 5 € puede ser una buena cantidad.

Cómo ahorrar

Viajar fuera de temporada siempre es más barato que hacerlo en temporada alta; Navidad, Semana Santa, y en verano. En caso de hacerlo en temporada alta es conveniente hacer la reserva del vuelo y del hotel con tiempo de antelación. Lo mismo ocurre a la hora de viajar en tren, donde es posible conseguir algún tipo de descuento o beneficiarse de alguna promoción.

Los **hoteles** de Bruselas suelen ser más económicos durante los fines de semana, ya que de lunes a viernes hay una gran concentración de congresos, conferencias y otros tipos de actos que hacen que los precios de las habitaciones se incrementen de manera notable.

Brussels Card. Es una buena opción para visitar Bruselas a un precio reducido: 24 h (32 €), 48 h (42 €) y 72 horas (49 €). Se vende en la tienda online o en las oficinas de información de **VisitBrussels** *(https://shop.brusselscard.be/en).* Con esta tarjeta se tiene acceso a los museos y transportes públicos, así como descuentos en atracciones turísticas, instituciones culturales, tiendas, restaurantes, bares y boutiques de diseñadores bruselenses en el barrio de Dansaert. En la ciudad de Amberes se puede comprar la **Antwerp City Card** 24 h (45 €), 48 h (55 €) y 72 horas (65 €), en la web *https://antwerpcitypass.be.*

Otra manera de ahorrarse unos euros es reservando la entrada a los lugares que se tenga planeado visitar con antelación vía internet.

Prensa

Para estar informado sobre lo que ocurre en Bélgica y conocer cuáles son las novedades de las ciudades son de gran ayuda los siguientes periódicos y revistas. Los hay en edición impresa y web, en francés, flamenco e inglés.

Periódicos en francés: **L´avenir** *www.lavenir.net;* **Le Soir** *www.lesoir.be;* **La Dernière Heure** *www.dhnet.be.*

Periódicos en flamenco: **Het Laatste Nieuws** *www.hln.be;* **Het Nieuwsblad** *www.nieuwsblad.be;* **Gazet van Antwerpen** *www.gva.be.*

Periódicos en inglés: **The Brussels Times** *www.brusselstimes.com;* **Politico** *www.politico.eu;* **The Bulletin** *www.thebulletin.be.*

Idioma

En Bélgica hay tres idiomas oficiales: el flamenco, el francés y el alemán. En la región de Flandes se habla el flamenco, o neerlandés. En la región de Valonia se habla francés y flamenco. Para comunicarte con los flamencos no habrá problemas, ya que además del francés o alemán muchos hablan inglés y algunos incluso castellano. Los menús en los restaurantes y la información turística que ofrecen las oficinas de turismo locales aparecen también en varios idiomas. El inglés está muy extendido.

Saludos y expresiones frecuentes

Español	Francés	Flamenco
Hola/ Adiós	Salut/ Au revoir	Hallo/ Dah
Muchas gracias	Merci bien	Dank U wel
Sí/No	Oui/Non	Ja/Nee
Por favor	Síl vous plâit	Alstublieft
La cuenta	L'addition	De rekening

Términos gastronómicos

Español	Francés	Flamenco
Camarero	Garçon	Ober
Helado	Glace	Ijs
Mantequilla	Beurre	Boter
Azúcar	Sucre	Suiker
Pan	Pain	Brood
Agua, vino	Eau, vin	Water, wijn
Sal, pimienta	Sel, poivre	Zout, Peper
Propina	Pourboire	Fooi
Paté de oca	Pâte de foie gras	Ganzeleverpaste
Huevos	Oeufs	Eiren
Entrantes	Entrées	Voorgerechten
Ensaladas	Salade	Sla
Queso	Fromage	Kaas
Sopas	Soupes	Soepen
Caldo	Bouillon	Bouillon
Sopa de tomate	Soupe aux tomates	Tomatensoep
Sopa de verdura	Soupe aux légumes	Groentesoep
Sopa de guisantes	Soupe aux pois	Erwtensoep
Sopa de pollo	Soupe de poulet	Kippensoep
Hortalizas y verduras	Légumes	Groenten
Fruta	Fruits	Vruchten
Patatas	Pommes de terre	Aardappelen
Tomate	Tomate	Tomaat
Coles de Bruselas	Choux de Bruxelles	Spruitjes
Carnes	Viandes	Vlees
Pollo/ pavo	Poulet/ dinde	Kip/ kalkoen
Cerdo/ ternera	Porc/ veau	Varkensvlees/ kalfsvlees
Pescados	Poissons	Vis
Lenguado	Sole	Tong
Mejillones	Moules	Mosselen
Merluza/ salmón	Morue/ saumon	Kabeljauw/ Zalm
Bebidas	Boissons	Dranken
Cerveza	Bière	Bier
Café, te	Café, thé	Koffie, thee
Licores	Liqueur	Likeuren

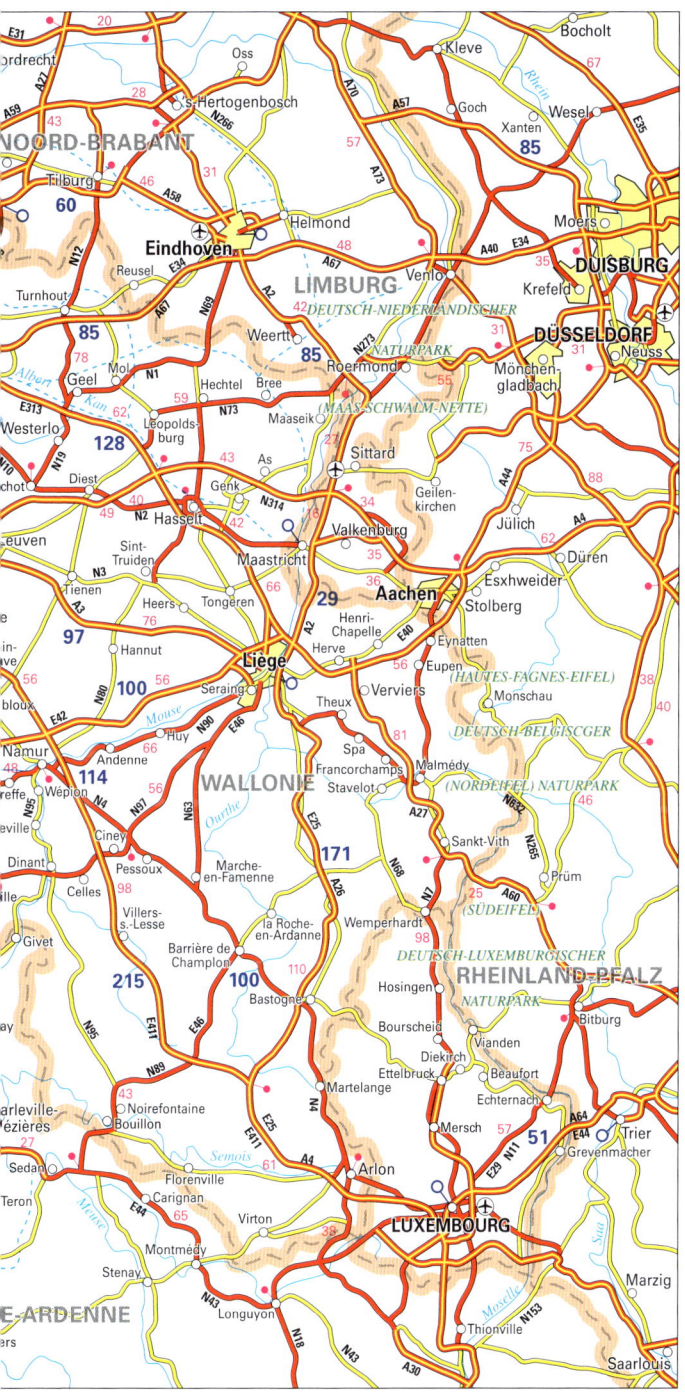

Índice de lugares

Amberes. 63-72
Ayuntamiento/
    Stadhuis 66
Barrio de los
    Diamantes 30, 71
Barrio Chino 72
Callejón
    Vlaeykensgang. . . 67
Casa de Peter Paul
    Rubens 69
Castillo de Steen 67
Central Station 71
Coninckplein 72
Eilandje 72
Barrio
    de los Marineros . .72
Et Zuid 71
Fomu/ Fotomuseum 71
Fuente de Brabo 66
Galerías
    Stadsffeestzaal. . . .70
Grote Markt. 66
Iglesia de San Carlos
    Borromeo 67
Jardín Botánico 70
Maagdenhuis/ Casa
    de las Vírgenes. . . .71
Museo de Arte
    Contemporáneo/
    MUHKA. 72
Museo de la Moda/
    MoMu. 68
Museo MAS 72
Museo Mayer
    Van Den Bergh 71
Museo
    Plantino-Moretus . .67
Museo Red Star. 72
Musée Fin-de-Siècle 55
Musée Horta 58
Palacio de Justicia . . .72
Palacio del Meir. 69
Teatro Bourla. 70
Torre Boerentoren. . .69
Vrouwekathedraal. . .66
Wilde Zee. 70
Zoo 71
Ardenas, Las. 32, 109

Bouillon 111
Castillo 37, 111
Abadía de
    Clairefontaine-
    Cordemois 111
Brujas 84-91
Arenthuis. 90
Basílica de la Santa
    Sangre 86
Begijnhof 90
Blinde Ezelstraat 86
Burg. 86
Canales 28
Catedral
    de San Salvador . . .87
Groeninge
    Museum 90
Gruuthuse Museum 91
Iglesia de Nuestra
    Señora 87
Lago del Amor 90
Markt/ Plaza Mayor. .84
Museo de la Patata
    Frita 91
Plaza
    de los Curtidores . .86
Sint-Janshospitaal . . .91
Stadhuis 86
Vismarkt. 86
Bruselas 42-58
Abbaye de la
    Cambre 58
Atomium 60
Barrio Europeo 26
Basílica del Sagrado
    Corazón 59
Bois de la Cambre . . .58
Boulevard Waterloo. .56
Bozar-Palacio
    de Bellas Artes 50
Bruxella 1238 45
Casa-Museo
    de René Magritte. .52
Catedral de
    San Miguel
    y Santa Gúdula 49
Centro Belga
    del Cómic (CBBD) . .49

Coudenberg. 50
Galerías
    Saint-Hubert. 49
Gare du Midi 57
Grand Place. 24, 43
Hôtel de Ville/
    Ayuntamiento 44
Iglesia de
    Notre-Dame
    du Sablon 53
Iglesia Notre-Dame
    de la Chapelle 51
Les Marolles 57
Manneken Pis 45
Mont des Arts 50
Musée de la Ville 45
Musée Magritte
    Museum. 50, 52
Musée Modern
    Museum. 55
Museo Belvue 50
Museo de
    Instrumentos
    Musicales 50
Museos
    Reales de
    Bellas Artes . . . 50, 55
Palacio de
    Egmont. 54
Palacio de Justicia . . .53
Palacio Medieval
    de Bruselas 50
Parque Bruselas 50
Parque de
    Egmont. 53
Parque de Laeken . . .60
Place de Brueghel
    el Viejo 57
Place de la Bourse/
    Bolsa 45
Place des Martyrs . . .51
Place du Grand
    Sablon 53
Place du Jeu
    de Balle 57
Place E. Flagey 58
Place Louise 56
Plaza Ágora 49

Rue Antoine
Dansaert. 48
Rue de Namur 56
Rue des Bouchers . . . 48
Rue des Renards 57
Rue Haute 57
Rue Neuve. 51
Rue Rollebeek 53
Sablon 51
Teatro Real
de la Monnaie 51
Train World 61
Villa Empain. 59

Castillos de Valonia . . 36
Cuesmes. 99

Dinant. 33, 104
Abadía Notre Dame
de Leffe 105
Casa de Adolphe
Sax 21, 105
Citadelle 104
Durbuy 109

Gante 78-83
Belfort/ Campanario .79
Castillo de Gerardo
el Diablo 82
Castillo de los
Condes. 82
Catedral de
San Bavón 79
Desing Museum
Gent 83
Iglesia de
San Nicolás. 79
Muelle de Graslei. . . .82
Museo de
Arqueología
Industrial y Textil . .83
Museo de Arte
Contemporáneo. . .83
Museo de
Bellas Artes 83
Patershol 82
Puente de
San Miguel 79

Stadshal. 82
Stadsmuseum Gent. .83

Hornu 99

La Roche en
Ardenne 109
Lieja, 33, 106
Catedral de Saint
Paul 106
Palais des Princes-
Évêques 107
Colegiata de Saint-
Barthélemy. 107
Grand Curtius 108
Abadía Paix
Notre Dame 108
Louvain-la-Neuve 75
Musée Hergé. 75
Lovaina 75-78
Ayuntamiento/
Stadhuis 75
Fábrica de Inbev. . . .77
Groot Begijnhof . 31, 77
Iglesia de
San Pedro 75
Jardín Bótanico 77
M-Museum Leuven . 77
Oude Markt 76
Universidad
de Lovaina 76

Malinas. 73-74
Ayuntamiento/
Stadhuis 73
Beaterio Grande 74
Catedral de
Sint Rombout . . 34, 73
Culturuur Centrum . .74
Het Zotte
Kunstkabinet 74
Kazerne Dossin 74
Taller de Wit. 73

Mons 96-99
Beffroi 97
Château
des Comtes 98

Colegiata de
Sainte Waudru 97
Grand-Place. 96
Museo de
Bellas Artes 98
Museo del Doudu . . .98

Namur 33, 103
Ciudadela 37, 103
Museo Provincial
de Arte Antiguo . . 103
Museo Provincial
Félicien
Rops 21, 103

Rochefort 110
Abadía de
Notre-Dame
de Saint-Remy . . .110
Castillo de
Rochefort 110
Cuevas de
Han-Sur-Lesse . . .110

Spa 108
Spiennes. 99

Theux 108
Tournai 95
Beffroi 38, 95
Catedral de
Notre-Dame 95
Museo de
Bellas Artes 95
Pont des Trous. . . 38, 95

Villers-Devant-Orval . .111

Waterloo. 100
Colina del León . . . 100
Museo Wellington . 101

Planos y mapas
Bruselas, 46-47
Amberes, 64-65
Gante, 80-81
Brujas, 88-89
Bélgica, 140-141